Carlsen Klartext **Schule – und dann?**

W0052483

© Gerrit-Freya Klebe

Anja Reumschüssel, geboren 1983, arbeitet als Autorin und Reporterin in Hamburg und weltweit. Sie hat Publizistik, Soziologie und Theologie studiert und war an der renommierten Henri-Nannen-Journalistenschule in Hamburg. Als freie Journalistin schreibt und produziert sie Videos, unter anderem für den STERN, GEO, SWR und verschiedene Online-Medien. Nach dem mit dem Deutschen Jugendliteraturpreis ausgezeichneten Buch über *Extremismus* und dem ebenfalls hochgelobten Buch über *Klima- und Umweltschutz* folgt mit *Schule – und dann?* nun bereits ihr drittes Buch in der Klartext-Reihe.

Anja Reumschüssel

Schule –
und dann?

Bisher in der Reihe Carlsen Klartext erschienen:
Extremismus
Fake News
Feminimus
Klima- und Umweltschutz
Populismus
Schule – und dann?

Anmerkung: Auf eine Doppelbezeichnung der Geschlechter wurde zugunsten der besseren Lesbarkeit in diesem Buch verzichtet. Stattdessen wird die weibliche und männliche Form abwechselnd verwendet und das jeweils andere Geschlecht mitgemeint.

Originalausgabe
Veröffentlicht im Carlsen Verlag
Juni 2021
Copyright © 2021 Carlsen Verlag GmbH, Hamburg
Lektorat: Katja Maatsch
Faktencheck: Kathrin Lilienthal, Recherchehaus
Umschlagabbildungen: shutterstock.com ©Alisa_Elly, zizi_mentos, mhatzapa
Umschlaggestaltung und Innenillustrationen: formlabor
Corporate Design Taschenbuch: bell étage
Satz: Dörlemann Satz, Lemförde
ISBN: 978-3-551-31976-0

CARLSEN-Newsletter: Tolle Lesetipps kostenlos per E-Mail!
Unsere Bücher gibt es überhall im Buchhandel und auf carlsen.de

Inhalt

Wege zum Traumberuf 157

Einleitung

»Was willst du mal werden?«

Im Kindergarten oder in der Grundschule hast du bestimmt ganz locker auf diese Frage geantwortet:

Astronautin!

Kindergärtner!

Lokführerin!

Tierarzt!

Oder auch einfach nur: »Weiß ich noch nicht.«

Und heute? Da geht es dir wahrscheinlich wie so vielen anderen jungen Menschen und du antwortest auf diese Frage eher mit Bauchschmerzen. Oder einem resignierten Schulterzucken.

Denn inzwischen weißt du ja, dass man nicht so leicht Astronautin wird, dass Erzieher viel zu wenig verdienen und Tierärztinnen Tieren nicht nur helfen, sondern sie manchmal auch einschläfern oder vor dem Schlachten begutachten müssen. Und du weißt auch: Die Berufswahl ist eine gigantische Entscheidung, die dein ganzes Leben beeinflusst. Wählen sollst du dabei aus mehr als 300 Ausbildungsberufen[1], aus rund 20 000 Studiengängen[2] und unzähligen weiteren Möglichkeiten.

Dir ist klar: Der Beruf, den du wählst, entscheidet darüber, wie viel du später verdienst, welche (finanziellen) Freiheiten du hast, welchen Platz du in dieser Gesellschaft einnimmst, was deine Mitmenschen später von dir denken. Oder eben nicht. Und dein Beruf entscheidet auch *mit* darüber, wie glücklich du bist.

Selbst wenn du schon weißt, was du werden willst, spürst du vielleicht trotzdem diese Angst: Werden meine Noten gut genug sein, wird mein Schulabschluss ausreichen? Werde ich später einen Arbeitsplatz bekommen – und behalten? Und was, wenn ich mich heute falsch entscheide und mir der Job später doch keinen Spaß macht?

Diese wichtige Entscheidung über deine Zukunft sollst du dann auch noch in einer Zeit treffen, in der dir ganz andere Dinge im Kopf herumschwirren. Vielleicht bist du zum ersten Mal oder gerade wieder verliebt, vielleicht fühlst du dich müde und traurig, vielleicht hast du Stress mit Eltern und Freunden, vielleicht interessierst du dich gerade viel mehr für Sport, Partys oder Computerspiele. Außerdem – und da bist du nicht allein – wissen junge Menschen meist noch nicht so viel über das Leben und sich selbst, um abschätzen zu können, welche Auswirkungen ihre Entscheidungen haben.

Da kann man schon Bauchschmerzen kriegen.

Aber so schlimm ist die Berufswahl gar nicht. Jedenfalls nicht, wenn du dir Zeit nimmst, dich vorbereitest und (ganz) viel (aber nicht zu viel) nachdenkst. Dabei soll dir dieses Buch helfen. Es richtet sich an Jugendliche und junge Erwachsene, die vor dieser Herausforderung stehen: Was will ich mal werden? Bankkauffrau? Förster? Doktorandin? Mitarbeiter im Familienunternehmen? Oder einfach nur glücklich?

Du hast die Wahl – und diese Wahl ist ein riesiges Geschenk! Über Jahrhunderte stand meist schon bei der Geburt fest, was ein Mensch einmal werden würde. Ein Mädchen wurde später Mutter und Hausfrau oder auch Nonne, Hebamme oder Kinderfrau. Vor nicht allzu langer Zeit konnten Mädchen dann Lehrerin, Krankenschwester oder Näherin werden. Jungen erlernten in der Regel den Beruf ihres Vaters. Wenn sie nach Freiheit suchten, konnten sie in manchen Zeiten zur Armee gehen oder zur See fahren, wer entsprechend begabt war und aus einer reichen Familie stammte, konnte studieren, wurde Jurist, Professor oder auch Künstler. Aber kaum jemand konnte sich frei entscheiden, was sie oder er werden wollte.

Das änderte sich in Europa und den USA erst vor rund 150 Jahren mit Beginn der Industrialisierung. Die sozialen Unterschiede nahmen ab, ab etwa 1900 durften auch Arbeiterkinder zur Schule gehen, Anfang des 20. Jahrhunderts konnten auch in Deutschland Frauen endlich bis zum akademischen Berufsabschluss die Universitäten besuchen. Noch heute hängt die Berufswahl in vielen Ländern stark davon ab, welche Schulbildung die Eltern bezahlen können, welches Geschlecht das Kind hat und wie dringend es selbst schon früh Geld verdienen muss.

Du dagegen hast die historisch einmalige Gelegenheit, dir deinen Beruf selbst auszusuchen.

Vielleicht denkst du jetzt: Aber meine Noten sind nicht

gut genug! Meine Familie hat nicht genug Geld, um mich bei einem Studium zu unterstützen! Oder einfach: Die Entscheidung ist trotzdem schwer, ich wünschte, jemand anders würde sie für mich treffen.

All das schauen wir uns in diesem Buch an. Welche Wege du nach dem Schulabschluss einschlagen kannst. Woher du die Informationen für eine selbstbewusste Entscheidung bekommst. Was du tun kannst, wenn dein Abschluss oder deine Noten für deinen Wunschberuf nicht ausreichen oder deine Eltern ein Studium nicht unterstützen (können). Immer wieder kommen auch Menschen zu Wort, die ihren Weg schon gegangen sind und sich für einen Beruf entschieden haben.

Dieses Buch soll dich motivieren, dir Gedanken über dein Leben zu machen – und darüber, womit du es verbringen willst.

Immer geht es um die große Frage: Was willst du werden? Der Weg zu einer Antwort führt über dich. Denn die Frage »*Was* will ich werden?« geht einher mit der Frage »*Wer* bin ich?«. Die Suche nach dem passenden Beruf ist also auch eine Suche nach dir selbst. Es ist wie eine Schatzsuche. Am Ende weißt du im besten Fall nicht nur, welchen Ausbildungsweg du einschlagen und welchen Beruf du anstreben willst, sondern vor allem, wer du bist, wer du sein willst und was dich ausmacht.

Um das herauszufinden, schauen wir uns an, wer oder was bei deiner Berufsfindung eine Rolle spielt. Das sind viele Einflüsse von außen, zum Beispiel deine Eltern,

Freunde oder die Filme, die du schaust. Das sind aber auch viele Einflüsse, die aus dir selbst kommen, deine Interessen, deine Fähigkeiten oder dein Blick auf dich selbst und das Leben.

Außerdem gibt dir dieses Buch einen Überblick über die vielen Möglichkeiten, mehr über die Berufe zu erfahren, die dich interessieren. Und du wirst lernen, was du sonst noch tun kannst, wenn du deine Zeit nach dem Schulabschluss erst einmal anders verbringen willst oder du deinen Wunschberuf kennst, aber nicht weißt, wie du ihn erreichen kannst.

Du musst dieses Buch nicht von vorn nach hinten lesen. Vielleicht weißt du über manche Themen schon gut Bescheid oder sie interessieren dich einfach nicht. Vielleicht magst du erst einmal wissen, was du tun kannst, wenn dir deine Entscheidung doch nicht mehr gefällt (S. 173), wie du am besten eine Bewerbung verfasst (S. 206) oder was die Berufswahl mit der Frage nach deinem Geschlecht zu tun hat (S. 106)? Dann stöbere einfach in diesem Buch, wie es dir gefällt.

Wenn du gleich loslegen magst mit deiner Suche nach dem passenden Beruf, kommt hier noch ein Tipp, auch wenn der jetzt sehr nach Hausaufgaben klingt: Lege dir einen Ordner zu (so einen richtigen, aus Pappe) und hefte dort alle Notizen und Infoblätter ab, die dir wichtig sind. Ein Ordner auf dem Computer (oder Smartphone) kann auch nicht schaden, denn viele Infos gibt es online. Vielleicht hilft dir auch ein Programm (zum Beispiel »Evernote« oder

»Nimbus Note«), in dem du Links, PDFs und Notizen sowohl auf dem Computer als auch in der App auf dem Smartphone speichern kannst.

Am Ende der nächsten Kapitel findest du eine Liste von Fragen, die dir helfen sollen, eine möglichst freie und bewusste Entscheidung über die nächsten Schritte in deinem Leben zu treffen. Nimm dir Zeit für diese Fragen, notiere dir ein paar Antworten, lass diese Überlegungen durch deinen Kopf rotieren, geh damit spazieren oder schlafen. Oft kommen einem die besten Ideen, wenn man entspannt ist und nicht zu angestrengt nachdenkt.

Bereit? Dann lass uns loslegen! Es wird eine spannende Reise. Um nicht völlig orientierungslos draufloszugehen, schauen wir uns auf den nächsten Seiten zunächst ein paar Grundlagen an. Es geht darum, mit wem du da eigentlich unterwegs bist (denn du bist nicht allein auf dieser Reise), es geht um den Fahrplan deiner Reise und darum, warum die Entscheidung für einen Ausbildungsweg gerade jetzt in dieser Lebensphase so schwer ist oder wie du am besten vorgehst, wenn du an einer Kreuzung stehst und dich für viele verschiedene Wege entscheiden kannst. Aber lass uns zuerst schauen, wo du eigentlich unterwegs bist, wie die Landkarte der Ausbildungswege aussieht. Du bewegst dich ja nicht auf unerforschtem Terrain, den passenden Beruf haben vor dir schon unzählige junge Menschen gesucht. Und viele Wege führen zum Ziel.

Dein Weg zum passenden Beruf

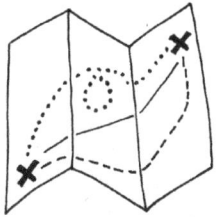

Die Landkarte – Welche Wege führen zum Beruf?

Berufsausbildung

Schluss mit dem Rumsitzen, du kannst endlich was tun. Und dabei lernst du natürlich auch. Du kannst dein Wissen anwenden, Dinge erschaffen oder bewegen und – je nach Ausbildungsart – verdienst schon eigenes Geld. So ganz entkommst du dem Klassenzimmer aber noch nicht. Eine Ausbildung besteht nämlich nicht nur aus Praxis, sondern auch aus Theorie.

Es gibt schulische oder betriebliche Ausbildungen und für jede dieser (staatlich anerkannten) Ausbildungen eine deutschlandweit einheitliche Ausbildungsordnung. Dazu gehört auch, wie lange eine Ausbildung dauert, was in der Ausbildung gelernt werden soll und was am Ende geprüft wird.

Duale Ausbildung

Bei einer betrieblichen oder dualen Ausbildung lernst du in der Berufsschule, was du für deinen Beruf brauchst (etwa »Einzelhandelsprozesse« oder »Verkaufsgespräche kundenorientiert führen« für eine Ausbildung zum Einzelhandelskaufmann), du hast aber auch sogenannten allgemeinbildenden Unterricht, wie du ihn aus der Schule kennst, zum Beispiel Deutsch, Sport oder Sozialkunde. Im Betrieb kannst du dein Wissen dann anwenden und verfeinern.

In der Regel dauert eine betriebliche Ausbildung zwischen zwei und dreieinhalb Jahren. Wenn du Abitur oder schon Berufserfahrung hast oder besonders gute Leistungen zeigst, kannst du die Ausbildung aber auch verkürzen.

Um eine betriebliche Berufsausbildung musst du dich in einem Betrieb bewerben, der auch ausbildet. Wenn du möglichst rasch nach dem Schulabschluss eine Ausbildung anfangen möchtest, solltest du dich schon etwa ein Jahr vor deinem Abschluss bewerben. Oft wird für eine Berufsausbildung ein bestimmter Schulabschluss erwartet. Mit einem mittleren Schulabschluss oder Abitur hast du bei manchen Berufsausbildungen bessere Chancen, einen Platz zu bekommen. Aber auch wenn du nicht so gute Noten oder einen Hauptschulabschluss hast, solltest du dein Ziel weiter verfolgen. Vielleicht bekommst du nicht sofort einen Ausbildungsplatz, aber dann gibt es noch andere Wege zu deinem Wunschberuf (s. S. 178). Manchmal überzeugt aber schon ein gutes Anschreiben den Adressierten, nicht nur auf deine Abschlussnote zu schauen (s. S. 208).

Schulische Ausbildung

Bei einer schulischen Ausbildung lernst du an einer Berufsfachschule oder einer ähnlichen Bildungseinrichtung, was du für deinen Beruf brauchst (etwa »Wundmanagement« oder »Infektionsprävention« für eine Ausbildung zum Pflegefachmann). Vor allem Berufe im Gesundheits- und Sozialwesen (etwa Logopäde oder Erzieherin), aber auch manche technischen Berufe (zum Beispiel Maschinen- und Anlagenführerin oder Technischer Assistent für Informatik)[1] werden in einer schulischen Ausbildung unterrichtet. Arbeitserfahrung sammelst du dann in regelmäßigen Praktika, die fest zur Ausbildung gehören.

Die schulische Ausbildung dauert – je nach Beruf – von wenigen Monaten bis zu 3,5 Jahre. Während einer schulischen Ausbildung verdienst du meistens noch kein Geld, manchmal musst du sogar eine Schulgebühr zahlen. Viele junge Menschen können sich eine schulische Ausbildung kaum leisten. Entweder springen dann Eltern und Verwandte ein oder du bewirbst dich um eine Berufsausbildungsbeihilfe (BAB) oder um Unterstützung »nach dem Bundesausbildungsförderungsgesetz« – kurz: um BAföG (s. S. 191).

Die Ausbildung an *öffentlichen* Berufsfachschulen ist deutschlandweit einheitlich geregelt, du kannst mit dem Abschlusszeugnis also in der ganzen Bundesrepublik arbeiten. Bevor du eine *private* Berufsfachschule besuchst, solltest du dich informieren, welchen Ruf die Schule hat und ob ein Abschluss von dieser Schule in dem Berufsfeld auch anerkannt ist (Infos zu Informationsquellen auf S. 120).

Um eine schulische Berufsausbildung bewirbst du dich direkt bei der jeweiligen Bildungseinrichtung. Du brauchst meist einen mittleren Bildungsabschluss, manchmal reicht aber auch ein Hauptschulabschluss. Manche Schulen verlangen außerdem, dass du einen Eignungstest bestehst.

Nicht staatlich anerkannte Ausbildung

Es gibt Berufe, die sind nicht staatlich anerkannt. Das bedeutet lediglich, dass es für diese Ausbildungen keine staatliche Ausbildungsordnung gibt, die Dauer, Inhalt und Prüfung der Ausbildung festlegt.

Das kann verschiedene Gründe haben: Manche Berufe sind so neu, dass die zuständigen Ministerien noch nicht hinterhergekommen sind, eine Ausbildungsordnung für diese Berufe zu erlassen. Beispiele sind Yogalehrerinnen[2], Tätowierer und Make-up-Artists[3]. Oder aber die Berufe sind so alt, dass es für sie keine Ausbildungsordnung mehr gibt, etwa der Beruf der Schriftsetzerin[4]. Auch wenn die Anforderungen an einen Beruf sehr speziell sind und es kaum Azubis gibt, kann es sein, dass es keine Ausbildungsordnung gibt, etwa bei der Operationstechnischen Assistentin[5].

Auch eine nicht anerkannte Ausbildung wechselt normalerweise zwischen Praxis und Theorie (etwa Seminare und Schulungen). Wie lang solch eine Ausbildung dauert, ist unterschiedlich, schließlich gibt es noch keine einheitliche (staatliche) Regelung. Auch wie die Abschlussprüfung aussieht, ist abhängig vom Anbieter der Ausbildung. Es gibt also Yogalehrerinnen, die zwei Jahre gelernt und ein bestimmtes Zertifikat erworben haben, andere haben einen zweiwöchigen Intensivkurs belegt und ein anderes Zertifikat erhalten. Beide dürfen sich Yogalehrerin nennen. In der jeweiligen Branche weiß aber in der Regel jeder, was du gelernt hast und was dein Zertifikat wert ist, auch wenn die Ausbildung nicht staatlich anerkannt ist.

Eine Ausbildung in einem nicht staatlich anerkannten Beruf kannst du erst ab 18 Jahren machen. Meistens musst du die Ausbildung selbst bezahlen. BAföG oder Berufsausbildungsbeihilfe (BAB) kannst du dafür nicht beantragen. Außerdem kannst du mit einer nicht anerkannten Ausbildung keinen höheren Schulabschluss erreichen. Wenn du einmal arbeitslos werden solltest oder dich umorientieren willst, giltst du für das Arbeitsamt außerdem als ungelernt. So kann es länger dauern, bis du einen neuen Arbeitsplatz findest, und du bekommst manchmal schwerer eine Umschulung oder Weiterbildung genehmigt.[6]

Weitere Ausbildungsarten

Außerdem gibt es noch andere Ausbildungsformen: Sogenannte Sonderausbildungen der Wirtschaft oder Abiturientenausbildungen richten sich an Schulabgänger mit Abitur und sollen eine Alternative zum Studium sein. Sie dauern meist zwei Jahre und sind ebenfalls eine Mischung aus theoretischer und praktischer Ausbildung.

Dann gibt es noch Ausbildungsgänge, die sich an Hochschulabsolventen richten. Wahrscheinlich denkst du, dass ein Studium doch genügen muss, um endlich richtig mit dem Arbeiten beginnen zu können? Für manche Berufe reicht der Uni-Abschluss aber nicht. Wer Journalistin werden will, hat mit einem anschließenden Volontariat – einer praktischen Ausbildung in einer Redaktion – bessere Chancen auf eine Anstellung. Wer Lehrer oder Anwältin werden will, muss nach dem Studium noch ein 12 bis 24 Monate langes Referendariat absolvieren. Angehende Pfarrer machen nach dem Studium ein Vikariat, angehende Ärztinnen eine Weiterbildung zum Facharzt. Und wer direkt eine Führungsposition in einem Unternehmen anstrebt, kann sich nach dem Studium als Trainee bewerben.

Neben der betrieblichen Ausbildung kannst du außerdem Zusatzqualifikationen erwerben, etwa die Zusatzqualifikation zur Handelsassistentin zusätzlich zur Ausbildung zur Kauffrau im Einzelhandel. Damit qualifizierst du dich für Führungspositionen oder bereitest dich auf ein Studium vor.

Manche Ausbildungen kannst du auch in Teilzeit absolvieren, etwa wenn du kleine Kinder betreuen oder deine Eltern pflegen musst.

Übrigens: Rechtlich gesehen brauchst du keinen (bestimmten) Schulabschluss, um eine Berufsausbildung zu beginnen. In der Realität bekommt aber selten jemand einen Ausbildungsplatz, der keinen Schulabschluss hat.[7] Trotzdem kannst du es natürlich versuchen, dich auch ohne Schulabschluss für einen Ausbildungsplatz zu bewerben. Dann solltest du gut begründen können, warum du die Schule abgebrochen hast (etwa wegen einer Krankheit oder weil du gemobbt wurdest) und warum du zuversichtlich bist, dass du dennoch eine Ausbildung schaffst.

Studium

In einem Studium kannst du dich richtig in ein Thema vertiefen und es von Grund auf verstehen. Viele Vorlesungen sind freiwillig, du musst also nicht daran teilnehmen. Umso mehr musst du aber selbstständig lernen, Semester- und Abschlussarbeiten schreiben. Viele Berufe kannst du nur mit einem Studienabschluss ausüben, oft erreichst du auch Führungspositionen nur, wenn du vorher studiert hast. Die meisten Studiengänge schließt du innerhalb von sechs Semestern (drei Jahren) mit dem Bachelor ab, anschließend kannst du noch vier Semester (also zwei Jahre) weiter studieren und mit dem Master abschließen. Danach lässt sich noch eine Promotion dranhängen und mit einer eigenen Forschungsarbeit der Doktortitel erwerben. Wenn dir die akademische Laufbahn zusagt, kannst du dich anschließend in deinem Fachbereich habilitieren und Professorin werden.

Um an einer Hochschule studieren zu dürfen, musst du die Schule normalerweise mit dem Abitur abgeschlossen haben. Manche Studiengänge (zum Beispiel Medizin oder Pharmazie) sind in ganz Deutschland, andere nur an manchen Hochschulen zulassungsbeschränkt, sie unterliegen einem NC (Numerus Clausus). Das heißt, dass die vorhandenen Studienplätze an die Bewerber mit den besten Noten gehen. Für andere Studiengänge, etwa der Fächergruppen Musik oder Kunst, musst du eine Eignungsprüfung bestehen. Um die führt in der Regel kein Weg herum. Einen NC kannst du jedoch umgehen, indem du dich einfach an einer anderen Hochschule bewirbst oder – bei bundesweit zulassungsbeschränkten Fächern – im Ausland studierst. Du kannst deine Chancen auf einen zulassungsbeschränkten Studiengang auch erhöhen, indem du erst einmal ein FSJ (s. S. 158) oder eine Ausbildung machst und damit dein Interesse an dem Beruf hervorhebst.[8] Ein Teil der Studienplätze wird nämlich an Bewerber vergeben, die schon länger auf einen Studienplatz warten. Je länger du wartest, desto eher bekommst du einen Platz. Neben der Abi-Note können auch Motivationsschreiben, Eignungstests oder Auswahlgespräche über die Zulassung zu einem Studiengang entscheiden.[9]

Aber auch wenn du kein Abitur hast, kannst du studieren.

Studium ohne Abitur

Wenn du nach einer mindestens zweijährigen Ausbildung drei Jahre Berufserfahrung gesammelt hast, kannst du oft auch ohne Abitur an einer Universität studieren. Du darfst dann aber nur Studiengänge belegen, die zu deinem bisherigen Beruf passen.[10] Die Allgemeine Hochschulzugangsberechtigung bekommst du nach einer zweijährigen Berufsausbildung und einigen anerkannten Fortbildungsabschlüssen automatisch, etwa als Handwerksmeister oder Fachwirtin.[11]

Manche Bundesländer erwarten bei Studieninteressierten ohne Abitur außerdem ein Mindestalter, gute Noten, einen Hauptwohnsitz im entsprechenden Bundesland, eine Aufnahmeprüfung an der jeweiligen Hochschule oder ein einjähriges Probestudium, nach dem entschieden wird, ob du weiter studieren darfst.[12] Welche Voraussetzungen an deiner Wunsch-Uni gelten, erfährst du meistens schon auf der Webseite der jeweiligen Hochschule (such im Internet einfach: Uni+Stadt+Studium ohne Abitur) oder bei der Studienberatung der Hochschule.

Ohne Abitur, dafür aber mit Berufsabschluss und Berufserfahrung kannst du auch berufsbegleitend an einer Fernuni studieren. Weitere Infos findest du auf www.studieren-ohne-abitur.de.

Auch ein duales Studium ist ohne Abitur nach einer abgeschlossenen Berufsausbildung möglich.

Duales Studium

Wenn du dich nicht zwischen Ausbildung und Studium entscheiden kannst, mach einfach beides. Bei einem dualen Studium lernst du die Theorie als Studentin an einer Universität, Hochschule oder Berufsakademie, hast aber gleichzeitig einen entsprechenden Ausbildungsvertrag mit einem Unternehmen. Neben den Vorlesungen arbeitest du also in einer Firma, lernst neben der Theorie auch gleich die Praxis kennen und hast am Ende in der Regel zwei Abschlüsse (Studienabschluss und Berufsqualifikation). Außerdem verdienst du auf diese Weise schon während des Studiums eigenes Geld und kannst bereits in einem Betrieb die Karriereleiter hinaufklettern. Die rund fünf Monate Semesterferien, die Studenten sonst für Semesterarbeiten, zum Jobben oder Reisen nutzen können, sind dann natürlich nicht drin. Dafür musst du die aber auch nicht mit Kellnern oder Babysitten verbringen, um dir dein Studium zu finanzieren.

Es gibt mehrere Hundert duale Studiengänge in Deutschland[13], die meisten im Bereich Wirtschaft und Technik. Informationen zum dualen Studium und Zusatzqualifikationen findest du auf www.bibb.de/ausbildungplus.

Fachhochschule

Die Studiengänge an Fachhochschulen sind praxisorientierter als das Studium an einer Uni, oft sind die Seminare auch weniger überfüllt und du bekommst schneller Kontakt zu deinen Dozenten.

Voraussetzung für ein Studium an einer Fachhochschule ist die Fachhochschulreife oder die Fachgebundene Hochschulreife. Klingt ähnlich, es gibt aber wichtige Unterschiede:

Die Fachhochschulreife bekommst du in der Regel automatisch, wenn du die zwölfte Klasse oder – beim G8-Gymnasium – die elfte Klasse bestanden hast. Wenn du danach studieren möchtest, musst du noch ein sechs- bis zwölfmonatiges Praktikum machen oder eine Berufsausbildung abschließen. Aber auch an Berufs(fach-)schulen, Fachoberschulen, Berufsoberschulen und an Berufskollegs kannst du die Fachhochschulreife erlangen. Anschließend darfst du an allen Fachhochschulen in Deutschland studieren. Auch an einigen Universitäten kannst du ausgewählte Studiengänge belegen, aber oft erst nachdem du eine entsprechende Aufnahmeprüfung bestanden hast.[14]

Die Fachgebundene Hochschulreife erhältst du an einem Beruflichen Gymnasium, einem Fachgymnasium (zum Beispiel einem Wirtschaftsgymnasium), an Berufsfachschulen,

Berufsoberschulen, Fachakademien, Berufs- oder Studienkollegs. Für manche dieser Schulen musst du neben einem mittleren Schulabschluss ein mindestens einjähriges Praktikum oder eine abgeschlossene Berufsausbildung vorweisen. Du musst für die Fachgebundene Hochschulreife keine zweite Fremdsprache lernen und darfst damit auch an einer Universität studieren, allerdings nur Studiengänge, auf die du dich in deiner Schulzeit bereits spezialisiert hast. Du könntest also BWL studieren, wenn du deinen Abschluss an einem Wirtschaftsgymnasium gemacht hast.[15]

Übrigens: Mit der Fachgebundenen Hochschulreife kannst du relativ einfach das Abitur nachholen, indem du eine Prüfung in einer zweiten Fremdsprache ablegst.[16] Auch später im Beruf kannst du das Abitur noch auf einem Abendgymnasium oder im Selbststudium mit anschließender Prüfung nachholen.[17]

Außerdem gibt es noch mehr oder weniger spezialisierte Hochschulen, etwa Kunsthochschulen, Schauspielschulen, Fachhochschulen für öffentliche Verwaltung, Berufsakademien oder – aber nur in Baden-Württemberg – Pädagogische Hochschulen. Wenn du dich für einen Beruf beziehungsweise eine Studienrichtung entschieden hast, lohnt es sich also, auch abseits der klassischen Universitäten nach einem Ausbildungsort zu suchen (s. S. 120).

Informationen rund ums Studium (nicht nur) für alle, die als Erste in ihrer Familie studieren, gibt es auf www.arbeiterkind.de.

Und falls du dich für einen Beruf interessierst, für den dein Schulabschluss nicht ausreicht, gibt es immer noch die Möglichkeit, einen höheren Schulabschluss nachzuholen.

Nun weißt du ungefähr, welche Wege zu deinem Ziel führen können. Und wie das so ist auf einer Reise, gibt es auch auf deinem Weg in den Beruf ein paar Zeiten, an die du dich halten solltest, wenn du möglichst schnell ans Ziel kommen willst. Wie dein Fahrplan in die Ausbildung oder ins Studium aussehen kann, erfährst du im nächsten Kapitel.

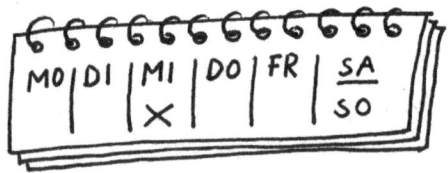

Der Fahrplan – Termine, Termine, Termine

Auch wenn ich in diesem Buch immer wieder sagen werde, dass du dir Zeit lassen sollst für solch eine wichtige Entscheidung – einige Termine solltest du doch beachten, sobald du dich für einen Weg entschieden hast.

Deswegen: Lege dir für diese spannende und wichtige Phase deines Lebens am besten einen Terminkalender zu. Das geht online, auf Papier, oder du lädst dir einen digitalen Offline-Kalender runter, egal was, Hauptsache du kannst dort Termine eintragen. Dort trägst du Einschreibungsfristen für die Uni oder Bewerbungsfristen für deine Wunschausbildung ein. Berufsausbildungen fangen meist im Spätsommer an, Unternehmen wählen ihre Azubis aber schon ein Jahr vorher aus. Du musst dich also schon ein Jahr vor deinem geplanten Ausbildungsbeginn bewerben.

Die meisten Studiengänge kannst du im Frühjahr (zum Sommersemester) oder im Herbst (zum Wintersemester) beginnen, musst dafür aber die Einschreibungsfristen beachten. Auch für manche Praktika, Auslandsaufenthalte oder Freiwilligendienste (s. S. 158) gibt es Anmelde- oder Bewerbungsfristen.

Auch Termine für Messen, Tage der offenen Tür und andere Infoveranstaltungen solltest du dir eintragen. Gerade wenn du nach der Schule ohne lange Pause mit der Ausbildung oder dem Studium weitermachen willst (oder musst), sind solche Fristen sehr wichtig. Sonst musst du vielleicht ein halbes Jahr oder länger überbrücken, was sich zum Beispiel auf das Kindergeld oder die Sozialhilfe auswirken kann.

Welche Zeiten du ungefähr einhalten solltest, hat die Bundesagentur für Arbeit sehr schön auf einem Poster illustriert, aber etwas kompliziert benannt: Der Berufswahlfahrplan gibt dir eine gute Übersicht, was wann zu tun ist und wo du die notwendigen Infos bekommst. Du findest den Plan hier: planet-beruf.de/fileadmin/assets/PDF/ PDF_Checklisten/Berufswahlfahrplan_2020.pdf.

Am besten legst du schon vor deinem Schulabschluss – empfohlen wird ein Jahr vorher – mit deiner Suche nach einem passenden Beruf los. So verpasst du keine Fristen und kommst nicht in Zeitnot. Schließlich ist die Berufswahl schon aufregend genug.

Einzelne Schritte auf deinem Weg zur Selbst- und Berufsfindung kannst du dir gut sichtbar aufschreiben und über deinen Schreibtisch oder neben den Spiegel hängen, wo du sie öfter siehst. Das kann motivieren und hilft dir, deine Ziele im Blick zu behalten. Unterteile Ziele, die in der Ferne liegen, in weitere Einzeletappen, die du dann abhakst, sobald du sie erreicht hast.

Wenn du zielstrebig an deiner Berufswahl arbeiten willst, blocke dir regelmäßig ein oder zwei Stunden in deinem Terminkalender, in denen du nur an deiner Berufswahl arbeitest.

Das gilt auch für später. Wenn du Pläne hast – zum Beispiel neue Tätigkeiten ausprobieren willst, weil dir dein Beruf keinen Spaß mehr macht –, dann blocke dir dafür regelmäßig Zeit im Kalender. Sonst bleiben deine Pläne nur Träume, mit denen du dich beruhigst, wenn es dir nicht so gut geht. Aber wahr werden Träume nur, wenn man sie anpackt. Damit du dann die Stunde im Kalender nicht nur absitzt oder doch lieber etwas anderes in der Zeit machst, schreib dir auch gleich auf, wie du diese Stunde füllen willst. Vielleicht mit ein paar Berufswahltests (s. S. 229), um einmal in Ruhe über deine Interessen und Hobbys nachzudenken und aufzuschreiben, was dich davon weiterbringen kann oder mit der Recherche von Informationen zu einem ganz bestimmten Berufsfeld, das dich interessiert (s. S. 120). Oder sogar mit der ersten Bewerbung? (s. S. 206)

Während du mit der Berufswahl anfängst, dir einen Terminkalender herunterlädst und deinen Berufswahlordner beschriftest, machen das ungezählte Schulabgängerinnen in diesem Land genauso. Du bist eben nicht allein unterwegs. Und manchmal hilft es bei der eigenen Entscheidung, sich umzuschauen, wem es ähnlich geht. Und was andere in deiner Situation machen.

Deine Mitreisenden – Welchen Weg wählen andere?

Auch wenn es sich manchmal so anfühlt, du bist nicht die Einzige, die noch etwas orientierungslos in der Gegend herumsteht und nicht weiß, welchen Weg sie nun beschreiten soll. Du bist auch nicht der Einzige, der unsicher ist, ob sein Traumberuf vielleicht nur ein Traum bleibt. Hunderttausende junge – und auch ältere Menschen – sind gerade in deiner Situation. Sie machen sich Gedanken und oft auch Sorgen darum, womit sie einmal ihr Geld verdienen wollen.

Mehr als 800 000 junge Menschen verlassen pro Jahr die allgemeinbildenden Schulen, über ein Drittel davon mit Abitur oder einem vergleichbaren Abschluss. Gut 40 Prozent machen einen mittleren Schulabschluss und nicht einmal jeder Sechste verlässt die Schule mit einem Hauptschulabschluss.[18] Und die meisten Schüler mit Hauptschulabschluss wollen noch weiter die Schule besuchen, um den mittleren Schulabschluss oder das Abitur zu machen.[19]

Laut einer Umfrage weiß ein Drittel der Abiturienten noch nicht, was sie machen wollen. Sehr viele möchten erst einmal ins Ausland gehen, 15 Prozent wollen gleich studieren und jede Zehnte eine Ausbildung anfangen.[20] Gut zwei Drittel der Abiturienten studieren später[21], und knapp ein Drittel der Studierenden schmeißt wieder hin.[22] Unter den Azubis ist es etwas weniger, jede Vierte bricht die Ausbildung ab.[23] Wenn du also einen Ausbildungsweg wählst und dich später noch einmal umentscheiden solltest, wärst du auch keine Ausnahme. Im Gegenteil, sogar die BAföG-Ämter berücksichtigen, dass gerade junge Menschen ihre Wahl oft noch einmal ändern, und streichen nicht gleich die Unterstützung, wenn jemand die Ausbildung abbricht (s. S. 191).

Ob sie nun bei ihrer Entscheidung bleiben oder sich noch einmal neu orientieren – worauf achten die anderen bei ihrer Berufswahl? Geld ist es jedenfalls nicht, das zeigen mehrere Umfragen. Die meisten Schulabgänger wünschen sich einen Beruf, der ihnen Spaß macht.[24] Für viele Jugendliche ist außerdem ein sicherer Arbeitsplatz sehr wichtig.[25] Wahrscheinlich auch deswegen, weil sie die Sorgen ihrer

Eltern während der letzten Finanzkrisen miterlebt haben. Wichtig sind ihnen auch geregelte Arbeitszeiten und eine gute »Work-Life-Balance«, also dass neben dem Job noch genug Freizeit bleibt, vor allem für Familie und Kinder.[26] Außerdem wollen sie im Job etwas Sinnvolles tun können und sich selbst verwirklichen.[27]

Etwa die Hälfte der Befragten in einer großen Jugend-studie würde für ihren Arbeitsplatz umziehen.[28] In einer anderen Umfrage sagten die Jugendlichen, dass ihnen vor allem eine gute Betreuung während der Ausbildung wichtig sei, außerdem gute Übernahmechancen und nette Vorge-setzte. Wichtig seien ihnen auch nette Kolleginnen, ein fai-rer Bewerbungsprozess und gute Karriereperspektiven.[29/30]

Was ihre Ziele betrifft, sind die meisten von euch (denn du, liebe Leserin, bist wahrscheinlich genau im selben Alter) optimistisch. Die allermeisten (84 Prozent) glauben, dass sie ihre beruflichen Ziele einmal erreichen werden[31], also zum Beispiel nach Ausbildung oder Studium recht schnell einen Arbeitsplatz bekommen.[32]

Was Jugendlichen offenbar weniger wichtig ist, sind Innovationskraft, das internationale Umfeld und die so-ziale und ökologische Verantwortung von Unternehmen.[33] Das mag daran liegen, dass die Befragten sehr jung sind und ihnen noch der Weitblick fehlt. Denn diese drei Fak-toren haben sehr viel mit ihrer eigenen Zukunft zu tun und sollten ihnen nicht egal sein. Ein Unternehmen, das sich wenig um Menschen und Umwelt schert, zerstört die Lebensgrundlage aller Menschen – auch deine. Die Inno-vationskraft eines Unternehmens entscheidet darüber, wie sich ein Unternehmen an Veränderungen anpasst – das ist unverzichtbar in unserer Welt, die sich gerade sehr schnell verändert. Die Innovationskraft entscheidet also mit darüber, ob das Unternehmen – und damit dein Arbeitsplatz – weiter besteht. Und das internationale Umfeld kann wichtig sein, auch wenn du nie im Ausland arbeiten willst. Denn ein internationales Unternehmen, das seinen Stammsitz in einem anderen Land hat, macht in einer Wirtschaftskrise vielleicht eher die Schotten in deinem Land dicht, und du verlierst deinen Job.

Und was fällt Jugendlichen so ein, wenn sie an Berufe denken?

In einer Auswertung der PISA-Studien aus den Jahren 2000 und 2018 schauten Bildungsforscher, was Schülerinnen auf der ganzen Welt annehmen, was sie mit 30 Jahren einmal arbeiten werden. Die Antworten haben einige Menschen, vor allem Bildungsforscher, erschreckt: Etwa die Hälfte der Befragten orientierte sich an nur zehn Berufen, die seit Jahren als die beliebtesten gelten. Außerdem orientierten sich die Mädchen und Jungen in ihren Berufswünschen weiterhin sehr stark an den bekannten Rollenklischees (s. S. 106). In Deutschland wollen Mädchen Lehrerin, Ärztin oder Erzieherin werden, Jungs wollen als IT-Spezialist, Land- und Baumaschinenmechatroniker oder Kfz-Mechatroniker arbeiten.[34]

Die Berufswahl steht zwar jedem frei (das werde ich hier im Buch noch öfter schreiben), aber die eigenen Auswahlmöglichkeiten sind natürlich sehr eingeschränkt, wenn man hauptsächlich auf bekannte Berufe schaut – die dann auch noch vermeintlich zum eigenen Geschlecht passen. Dabei gibt es so viel mehr Möglichkeiten! Außerdem könnten einige der Berufe, so schätzen die Autoren der Studie, in den nächsten 15 Jahren von Maschinen und Computern ausgeführt werden.[35]

Die Gesellschaft wandelt sich extrem schnell. Wie unsere Welt in 20 Jahren aussieht, weiß niemand. Auch deine Interessen ändern sich bestimmt noch. Angeblich werden in 15 Jahren zwei Drittel der Jugendlichen in Berufen arbeiten, die es heute noch gar nicht gibt.[36] Immer wieder entstehen neue Berufsausbildungen und Studiengänge, wie etwa »Immunologie und Infektiologie«[37], Pflegefachmann[38] oder Fachkraft für Kreislauf- und Abfallwirtschaft[39]. Gleichzeitig werden immer mehr Berufe aussterben, weil sie nicht mehr gebraucht werden, weil Maschinen, Computer und künstliche Intelligenz sie übernehmen oder sie in andere Länder ausgelagert werden, wo Menschen die Arbeit billiger ausführen.

Umso wichtiger ist, dass du dich über deine Möglichkeiten und die verschiedenen Berufe, die dir liegen könnten, gut informierst – und flexibel bleibst.

Während Schulabgänger aus den Schulen strömen und sich Gedanken darüber machen, was ihnen Spaß bereiten könnte und welche Arbeitsplätze sicher sind, werden sie nicht nur von Eltern, Großeltern und Lehrern beobachtet. Auch die potenziellen Arbeitgeber schauen genau hin, wer da den sogenannten Arbeitsmarkt füllt und als möglicher neuer Azubi und Mitarbeiter infrage kommt.

Dabei haben viele Unternehmen recht genaue Vorstellungen.

Vor ein paar Jahren hat der Deutsche Industrie- und Handelskammertag rund 2000 Unternehmen gefragt, was sie von Bachelor- und Master-Absolventen erwarten. Fast drei Viertel verlangten Teamfähigkeit von den Bachelor-Absolventen (von den Masters erwarteten das hingegen nur 57 Prozent), jeweils etwa der Hälfte war Einsatzbereitschaft und Kommunikationsfähigkeit wichtig, zwei Drittel erwarteten Analyse- und Entscheidungsfähigkeit sowie selbstständiges Arbeiten von den Bachelor- und Master-Absolventen. Nur jedes dritte Unternehmen erwartete Belastbarkeit und Erfolgsorientierung und nur jedes vierte Unternehmen verlangte schon praktische Erfahrungen im Beruf (Master: jedes fünfte).[40]

Der Hirnforscher Gerald Hüther nennt noch zwei weitere Fähigkeiten, die in der Arbeitswelt immer stärker gefragt sein werden: Selbstorganisation und Potenzialentfaltung.[41] Aber wie soll das funktionieren?

Wie sollst du dich selbst organisieren, wenn noch immer viele Berufe »nach der Stechuhr« ablaufen? Auch wenn es die Stechuhr in den meisten Berufen gar nicht (mehr) gibt – früher haben Arbeiter so tatsächlich Beginn und Ende ihrer Arbeitszeit abgestempelt –, gilt vielfach noch: Von morgens bis abends bist du im Büro (oder eben am Arbeitsplatz). Selbst wenn du dich nachts viel besser konzentrieren kannst als tagsüber. Selbst wenn du nachmittags besser arbeiten kannst, nachdem du vorher im fast leeren Fitnessstudio warst. Aber immer mehr Unternehmen experimentieren mit flexibleren Arbeitszeiten und erlauben Homeoffice-Tage (also das Arbeiten von zu Hause aus). Und auch wenn du dich an feste Arbeitszeiten halten musst (etwa in Berufen mit Schichtdienst), ist es spätestens zum Beginn deines Ausbildungsweges wichtig, dass du lernst, dich selbst zu organisieren, dass du also lernst, deine (Arbeits-)Zeit sinnvoll zu nutzen, dich nicht zu sehr ablenken zu lassen (also mal das Handy ausschaltest) und Prioritäten zu setzen (was packst du gleich an, was kann noch warten?).

Und wie sollst du dein Potenzial entfalten, wenn dein Potenzial (also die Fähigkeiten, die in dir schlummern) vielleicht nicht auf dem Lehrplan in der Schule stand? Wenn du alte Mofas wieder flottmachst, dir gern neue Backrezepte ausdenkst oder schon ein eigenes Musikstück geschrieben hast, aber dafür neben dem Unterricht kaum Zeit war? Dann ist nach der Schule endlich die Gelegenheit dazu. Oft hast du nach dem Schulabschluss noch ein paar Wochen frei, bevor Ausbildung oder Studium losgehen, vielleicht nutzt du aber auch eine der anderen Möglichkeiten, die Zeit zwischen Schule und Ausbildung zu füllen (s. S. 158) und entwickelst deine Interessen und dein Potenzial weiter.

Das ist ein kleiner Überblick darüber, was du neben deiner Schulbildung für einen Beruf oder eine Ausbildung mitbringen solltest. Wenn du glaubst, du bist nicht kommunikationsfähig genug und Entscheidungen sind auch nicht so dein Ding, mach dich nicht verrückt. Du wirst gerade in der Zeit um deinen Schulabschluss und in der Ausbildung oder im Studium noch sehr viel lernen und über dich hinauswachsen. Wie du gerade diese sogenannten Soft Skills trainieren kannst, liest du im Kapitel »Wege zum Traumberuf« (S. 157).

Du merkst, bei der Berufswahl geht es nicht nur um dich und darum, was du willst, sondern auch darum, was mögliche Arbeitgeberinnen sich wünschen. Es geht also um zwei Seiten.

Die Berufswahl ist ein bisschen wie die Partnersuche. Du musst einen Beruf finden, der dir attraktiv erscheint – und ihn möglichst gut kennenlernen, bevor du dich dauerhaft bindest. Aber der Beruf – in Person deines Arbeitgebers – muss auch Ja zu dir sagen und überzeugt davon sein, dass das, was du an Erfahrungen und Können mitbringst, euch beide weiterbringt. Wenn ihr beide euch einigt, dann wirst du mit deinem Beruf – so wie mit deiner Partnerin – einen großen Teil deines Lebens verbringen. Dein Job – so wie dein Partner – wird dich in deinem Wesen und deiner Persönlichkeit beeinflussen, von ihr oder ihm hängt auch ab, ob du deine Fähigkeiten und deine Persönlichkeit entwickeln kannst. Und deinen Beruf kannst du – wie eine Partnerschaft auch – beenden, wenn du merkst, dass ihr zwei doch nicht (mehr) zusammenpasst.

Sowohl die Partner- als auch die Berufswahl sind enorme Entscheidungen, die dich mitten ins Leben katapultieren. Und wenn du dir einen Beruf ausgesucht hast, der zu dir passt, dann erlebst du vielleicht ähnliche Gefühle, wie wenn du dich in jemanden verliebt hast: Du bist aufgeregt, kannst es kaum erwarten, mehr über diese Arbeit zu erfahren, freust dich morgens, wenn du aufstehst und wieder mit dem, was du magst, Zeit verbringen kannst. Es ist ein Gefühl, das dir Superkräfte verleiht und dich wahnsinnig motiviert – und irgendwann abflaut. Was dann bleibt, ist idealerweise eine tiefe Verbundenheit mit dem, wofür du dich entschieden hast, sodass du diese Entscheidung nicht mehr zurücknehmen willst.

Und diese wegweisenden Entscheidungen (zumindest die für einen Beruf, bei der Partnerwahl musst du dich nicht so beeilen) sollst du nun in einer Zeit treffen, in der fast alles in deinem Leben im Wandel ist und du vielleicht gerade erst dabei bist, zu entdecken, wer du eigentlich bist. Eine ganz schöne Herausforderung!

Du selbst – Wer ist da eigentlich unterwegs?

All das, was wir uns bisher angeschaut haben, bildet dein »Ich«, deine Identität. Haarfarbe, Alter oder Geschlecht sind meist gut sichtbar. Was du magst und kannst dagegen, deine Leidenschaften und Ängste, deine Vergangenheit und Zukunftsträume kennt nur, wer *dich* kennt und wen du daran teilhaben lässt.

Was gehört noch zu deiner Identität? Dein Name, den oft noch mehr Menschen auf der Welt tragen? Dein Aussehen, das meist nur wenig über den Menschen dahinter aussagt, über das, was er tut, denkt und fühlt? Deine Vergangenheit und deine Zukunftswünsche?

Du ahnst es – deine Identität ist das einzigartige Zusammenspiel aus all dem, was du bist, tust, denkst und fühlst.

Wenn dich nun jemand fragt: Wer bist du? Was antwortest du dann?

Wahrscheinlich in etwa so: »Ich bin Finn, 16 Jahre alt und gehe in die zehnte Klasse.«

Bei Erwachsenen klingt das dann so ähnlich: »Ich bin Sabine, 41 Jahre alt und arbeite im Marketing.«

Man könnte auch sagen: »Ich heiße Gerhard, ich habe zwei Goldfische und mag es, wenn der Himmel an einem Gewitterabend manchmal grün wird.« Oder »Ich bin ein Mensch, ...«

Das sagen wir aber nicht. Neben Namen und Alter ist der Beruf oft das, was uns auszeichnet. Und er ist ein beliebtes Gesprächsthema. Deswegen fragen Erwachsene so gern: »Was willst du nach der Schule machen?« Weil man darüber meistens leicht und unverfänglich sprechen kann (anders als über Politik oder Religion).

Diese Frage »Was willst du mal werden?« zeigt es deutlich: Wir sind, was wir arbeiten.

Unsere Identität wird für die meisten von uns erst dann wichtig, wenn wir uns darüber bewusst werden, dass es so etwas überhaupt gibt. Das passiert normalerweise im jungen Erwachsenenalter, also in dem Alter, in dem du wahrscheinlich gerade steckst. Es ist die Zeit der Identitätsfindung (auch wenn ein Mensch im Laufe seines Lebens immer wieder damit zu tun hat und sich auch gelegentlich eine neue Identität aufbauen mag). Denn in der Jugend wird man sich zum ersten Mal dessen bewusst, wer man ist und was einen ausmacht. Dazu gehört auch, wo man in dieser Gesellschaft hingehört, in welche verschiedenen Gruppen man sich einfügt oder einfügen muss, zum Beispiel in der Schule als durchschnittliche Schülerin, im Sportverein als schnellste Läuferin, im Ort als Tochter des Pfarrers und in der Gesellschaft als Deutsche mit Migrationshintergrund. Manche Gruppen kannst du dir freiwillig aussuchen, zu anderen gehörst du durch deine Geburt und Herkunft, in wieder andere wirst du von anderen Menschen hineingeschubst. Deine Identität kannst du dir also ein Stück weit selbst zusammenbasteln – vor allem wenn du schon herausgefunden hast, was dich ausmacht.

Die meisten Jugendlichen wissen aber noch nicht, wer sie sind. Wie auch? Ihr Gehirn ist noch in der Entwicklung, sie haben viele prägende Erfahrungen noch gar nicht gemacht. Sie sind in einer Lebensphase, in der sie ihre Identität erst noch finden. Biologisch sind sie vielleicht schon komplett ausgewachsen, aber ihr Gehirn ist es noch nicht. Experten nennen diese Phase »Psychosoziales Moratorium«[42] (oder auch »Adoleszenz«).

Es ist die Phase, in der Jugendliche – zumindest normalerweise in westlichen Ländern – mit ihrer Identität experimentieren und sie herausbilden können.

Es ist die Zeit, alte Beziehungen abzubrechen und neue aufzubauen.

Verschiedene Rollen zu erkennen, dich in manche einzufügen, andere abzulehnen.

Unabhängiger zu werden von den Eltern, den Freunden, der Unterstützung durch andere Menschen.

Verantwortung zu übernehmen und eigene Entscheidungen zu treffen.

Werte zu übernehmen sowie eigene Werte und Moralvorstellungen zu entwickeln, dich von anderen abzugrenzen.

Erste Partnerschaften, vielleicht sogar erste konkrete Pläne zu entwickeln, wie dein (Familien-)Leben einmal aussehen soll.

Neue Freiheiten zu entdecken, aber auch für deine Handlungen zur Rechenschaft gezogen zu werden.

Gesiezt zu werden.

Kurzum: Eine eigene Identität zu finden. Dazu gehört auch: Ganz viel ausprobieren, um dich und deine Möglichkeiten kennenzulernen.

Die Berufswahl ist ein Teil davon. Und sie ist ein Abschied. Von deiner Kindheit. Von einigen Träumen, die du so hattest, denn nur die wenigsten werden Popstar, Profifußballer, Topmodel.

Es ist also ein Schritt dahin, zu akzeptieren, wer du bist.

Da scheint die Berufsfindung oft gar keinen Platz zu haben. Dabei hat gerade sie ganz viel mit deiner Entwicklung zu tun. Du hast die relativ freie Wahl, was du einmal arbeiten, was du also »werden« willst. Um eine Wahl zu treffen, die zu dir passt, musst du aber erst einmal wissen, wer du bist. Du musst wissen, wie du dich selber in der Zukunft sehen möchtest. Als gebildeter Freigeist mit Doktortitel, als kreative Handwerkerin in der eigenen Werkstatt, als Angestellte am Schreibtisch mit festem Feierabend und vielen Urlaubstagen?

Du musst also deine Identität kennen. Eine gefestigte Identität ist wichtig, um mit dir im Reinen zu sein, dich wohlzufühlen in deinem Körper, deiner Umgebung, deiner Familie, in deinem Leben. Wer mit sich selbst *nicht* im Reinen ist, gerät leicht in Versuchung, aus seinem Leben fliehen zu wollen, mit Drogen, Alkohol, Social Media, Computerspielen, Reisen oder anderen Ablenkungen.

Deine Identität festigst du mit jeder Entscheidung, die du triffst, selbst wenn es das Gegenteil von dem ist, was du früher mal entschieden hast. Es ist also nicht nur die Berufswahl selbst, die dich prägt, sondern auch dein Weg dahin. Und wie du mit Entscheidungen und Wahlmöglichkeiten umgehst. Wie das aussehen kann und wie man eine möglichst aufgeklärte Entscheidung trifft, schauen wir uns als Nächstes an.

AUS EIGENER ERFAHRUNG

PHILIP MAYER, 21
STUDENT

Als ich 16 war, hat meine Schwester mir ein Buch geschenkt »Rich Dad Poor Dad« von Robert T. Kiyosaki. Das Buch hat mein Leben verändert. Es geht darum, wie man sich ein Vermögen aufbaut, die eigene Persönlichkeit entwickelt und erfolgreich wird. Diese Idee hat mich gepackt: Ich war zwar noch in der

Schule, aber ich wollte erfolgreich sein, wollte selbst etwas schaffen und (viel) Geld verdienen. Also habe ich mir selbst beigebracht, eine Webseite und einen Onlineshop zu programmieren (da findet man viele Tutorials im Internet), und anschließend in meinem eigenen Onlineshop Produkte von Großanbietern vermarktet. Allerdings konnte ich die Arbeit bald nicht mehr mit meinem Gewissen vereinbaren, weil ich den Kunden kaum etwas über den Schmuck und die Modeaccessoires, die ich angeboten habe, sagen konnte. Ich wusste nicht, wo die Sachen herkommen und ob sie fair produziert wurden. Den Onlineshop habe ich deswegen nach sechs Monaten wieder aufgegeben. Aber ich hatte ja gelernt, Webseiten zu programmieren, damit wollte ich nun Geld verdienen. Anfangs habe ich dabei noch viele Fehler gemacht, aber nach jedem Fehler wusste ich, dass ich daraus gelernt habe. Ich würde ihn einfach nicht noch einmal machen. Bei einem meiner ersten Versuche, einen Kunden zu finden, habe ich eine Webseite für ein Restaurant aus meiner Nachbarschaft neu entworfen. Der Inhaber war auch interessiert, sich den Entwurf anzuschauen. Als ich zu ihm ging, konnte ich ihm den Entwurf aber nur auf meinem Handy zeigen – ich hatte keinen Laptop. Also habe ich gespart und mir einen Laptop gekauft, um professionell präsentieren und Kunden besser überzeugen zu können. Seitdem verdiene ich mit Webseitenerstellung einen

Teil meines Einkommens, meine Kunden kommen zum Beispiel aus der Gastronomie und der Finanzdienstleistung. Gerade überarbeite ich die Webseite des Jüdischen Turn- und Sportverbands Makkabi Deutschland. Das ist ein Verband vieler jüdischer Sportvereine mit Sitz in Frankfurt, der sich auch sehr für Inklusion und gegen Rassismus einsetzt.

Bei Makkabi mache ich gerade meinen Bundesfreiwilligendienst. Von der Schule bin ich nach der 12. Klasse mit der Fachhochschulreife abgegangen. Ich wollte eigentlich das Abitur machen, hatte aber immer häufiger so starke Rückenschmerzen, dass ich manchmal morgens nicht aus dem Bett kam. Ich bin zu vielen Ärzten gegangen, keiner konnte mir helfen. Bei Makkabi durfte ich anfangs im Homeoffice arbeiten. Zu Hause konnte ich meine Rückenschmerzen aushalten, weil ich oft Pausen machen und mich auch mal hinlegen konnte. Inzwischen habe ich endlich einen Physiotherapeuten gefunden, der die Ursache meiner Schmerzen erkannt hat. Es geht mir langsam besser, ich arbeite wieder im Büro, gebe außerdem Kindern Unterricht im Hip-Hop-Tanz und freue mich auf mein Studium. Mit der Fachhochschulreife und dem anschließenden BFD habe ich nun eine Studienberechtigung und werde nach dem BFD ein duales Studium in Marketingmanagement anfangen. Währenddessen bin ich weiter bei Makkabi angestellt (mehr zum dualen Studium auf S. 23), verdiene so neben dem Studium schon etwas Geld und werde – soweit ich Zeit habe – weiter Webseiten programmieren. Wenn ich mit dem Studium fertig bin, möchte ich in Nigeria, wo meine Mutter herkommt, etwas aufbauen. Ich habe das Glück, hier in Deutschland aufgewachsen zu sein und studieren zu dürfen. Da sehe ich mich in der Verantwortung, später Menschen zu helfen, denen es nicht so gut geht wie mir.

Die Wahl für das Studium fiel mir wirklich leicht. Seit ich 14 Jahre alt bin, arbeite ich, unter anderem in einer Eisdiele, in Restaurants, auf einem Weingut. Bei diesen Jobs habe ich gemerkt, was mir liegt. Ich bin gern unter Menschen, ich rede gern, präsentieren und verkaufen macht mir Spaß. Und Spaß ist im Beruf doch das Wichtigste. Natürlich wollte ich auch immer etwas machen, worauf meine Familie stolz sein würde. Ich wollte zum Beispiel mal Arzt werden. Aber ich wusste auch, das ist gar nicht mein Ding, damit würde ich nicht glücklich werden. Und das habe ich durch das Buch, das mir meine Schwester geschenkt hat, aber auch durch Gespräche mit Freunden gelernt: Ich muss nicht anderen gefallen, ich muss mir gefallen. Auch Geld ist mir nicht mehr so wichtig. Ich muss nicht unbedingt reich werden. Mir reicht es schon, dass ich nicht jeden Euro zweimal umdrehen muss. Ich wünschte, mir wäre schon als Kind bewusst gewesen, wie wichtig Zufriedenheit und Dankbarkeit sind. Wir hatten früher nie viel Geld, und ich habe mich oft mit anderen Kindern verglichen, die teures Spielzeug oder Markenklamotten hatten. Dabei habe ich doch eine tolle Familie, meine Mutter hat uns immer gut versorgt, wir waren satt und gut gekleidet. Seit mir bewusst ist, dass ich alles habe, was ich wirklich brauche, ist meine Lebensqualität ungemein gestiegen. Ich bin jetzt schon so glücklich, obwohl ich dachte, ich erreiche diesen Zustand erst in 20 Jahren. Und all das ohne dass ich das große Geld gemacht habe.

Die Kreuzung – Wie entscheidest du dich?

Nun stehst du also an dieser vermutlich größten Weggabelung deines bisherigen Lebens. Und du weißt nicht, welche dieser unheimlich vielen Abzweigungen du nehmen sollst.

Den allermeisten Menschen fällt eine Entscheidung

umso schwerer, je größer die Zahl der Möglichkeiten ist. »Tyrannei der Auswahl« nennen das Psychologen.[43] Amerikanische Wissenschaftler haben das im sogenannten Marmeladen-Experiment nachgewiesen. In einem Geschäft boten sie den Kunden Toastbrote mit verschiedenen Marmeladensorten zum Probieren an. Wenn nur sechs verschiedene Sorten zur Auswahl standen, nahm fast jeder dritte Kunde eine Marmelade mit zur Kasse. Wenn die Forscher dagegen 24 Marmeladen zum Kosten anboten, kauften nur drei Prozent der Kunden eine Marmelade. Dabei hatten bei der größeren Auswahl insgesamt mehr Kunden von den Marmeladen probiert.[44]

Kein Wunder also, wenn du nicht weißt, welche Ausbildung oder gar welchen Beruf du wählen sollst. Entscheidungen zu treffen ist schwer. Denn jede Entscheidung *für* etwas ist gleichzeitig eine Entscheidung *gegen* unzählige andere Optionen. Wer sich nicht entscheidet, kann weiter träumen. Und die ungewisse Zukunft macht weniger Angst, denn sie ist noch nicht so nah (davor steht ja noch die Entscheidung).

Und wenn man sich dann doch entscheidet, quält einen häufig der »Hätte-Schmerz«: Hätte ich mich nicht doch anders entscheiden sollen? Ach, hätte ich bloß die andere Option gewählt, dann wäre ich jetzt sicher glücklicher! Hätte ich doch nur gewusst, dass ..., dann hätte ich mich so entschieden. Doch wer einem »Hätte ich doch nur ...« hinterhertrauert, steht sich auf Dauer bloß selbst im Weg. Probier den vermeintlichen Traumberuf lieber aus und scheitere, statt dauerhaft daran zu denken, wie schön es vielleicht gewesen wäre, wenn du es wenigstens versucht hättest.

Diesen »Hätte-Schmerz« kennst du vielleicht auch unter dem Begriff »FOMO« (»fear of missing out«), also die Angst, etwas zu verpassen. Gerade wer viel auf Social Media unterwegs ist, sieht, was das Leben für Möglichkeiten bietet, was andere so haben und können.

Du bist also nicht allein, wenn du dich mit Entscheidungen schwertust. Du kannst sie dir aber etwas leichter machen. Das ist die Lehre aus dem Marmeladen-Experiment: Es fällt oft leichter, eine Entscheidung zu treffen, wenn die Auswahl kleiner ist. Das heißt für dich: Du musst gar nicht aus mehr als 300 Ausbildungsberufen und rund 20 000 Studiengängen auswählen. Die allermeisten davon kannst du direkt ausschließen, weil du vielleicht nichts mit Tieren oder Mathe machen willst. So lassen sich kleinere Gruppen von Optionen bilden. Aus jeder Gruppe kannst du dir dann einen Beruf oder Studiengang heraussuchen und schließlich deine Favoriten aus jeder Gruppe miteinander vergleichen. Wenn du dir also schon ein Notizbuch oder einen Ordner zugelegt hast (s. S. 13), dann nimm dir eine Seite und schreibe dort zwischendurch immer wieder Berufe auf, die dir gerade begegnen, die du interessant findest und dir vorstellen könntest. Wenn du genug Informationen gesammelt und gerade etwas Zeit hast, gruppiere die interessanten Berufe nach Eigenschaften, die dir wichtig sind. Wenn du gern mit Kindern arbeiten möchtest, dir aber auch einen Bürojob gut vorstellen kannst, sind das schon zwei Gruppen, nach denen du interessante Berufe unterteilen kannst. Und vielleicht merkst du dann bald, dass manche Berufe sogar in beide Kategorien passen, etwa der Beruf des Sozialpädagogen.

Der Ablauf, wie du zu einer Entscheidung gelangst, kann also so aussehen:

- Schreibe alle Möglichkeiten auf, die für dich infrage kommen.
- Falls es zu viele Möglichkeiten sind, sortiere sie in Gruppen, etwa nach Berufsfeldern oder Ausbildungswegen (Studium oder Berufsausbildung).
- Erstelle eine Prioritätenliste – was ist dir am wichtigsten im Beruf? Bürojob und feste Arbeitszeiten, Aufstiegschancen, Arbeit mit Menschen oder gutes Gehalt?
- Bewerte nun deine Wahlmöglichkeiten nach deinen Prioritäten. Schreibe zu jeder Gruppe Pro- und Kontra-Argumente auf, also was für und gegen diese Wahl spricht (inklusive deinem spontanen Bauchgefühl).
- Gewichte diese Argumente, gib ihnen also einen Wert von 1 bis 3 (oder auch mehr Abstufungen), der niedrige Wert bedeutet, dass dir diese Eigenschaft (etwa geregelte Arbeitszeiten) nicht *so* wichtig ist, der höchste Wert bedeutet, dass du auf diese Eigenschaft (etwa Arbeit mit Menschen) nicht verzichten möchtest.
- Welche Möglichkeit hat die meisten Punkte auf der Seite der Pro-Argumente? Welche Kontra-Argumente (zum Beispiel »Kann ich nicht«) würdest du am liebsten ausräumen? Ist das möglich? Dann streich sie oder bewerte sie geringer. Wenn du gern mit Menschen arbeiten

möchtest, aber ins Stottern kommst, wenn du vor anderen sprichst, kannst du deine Redefähigkeit trainieren, etwa mit einem Redecoach (recht teuer) oder einer Teilnahme an Rednerclubs (zum Beispiel »Toastmasters« – dafür musst du mindestens 18 sein). Und »Stottern« als Kontra-Argument kannst du dann zum Beispiel nur noch mit einer 1 bewerten, dieses Gegenargument hat also nur noch wenig Gewicht in deiner Entscheidung.

– Falls du deine Möglichkeiten in Gruppen sortiert hast, wähle nun aus jeder Gruppe einen Favoriten aus.

– Jetzt bleiben nur noch ein paar Optionen übrig. Informiere dich nun genauer über diese Berufe. Was haben sie gemeinsam? Was genau fasziniert dich an jedem einzelnen? Gibt es Überschneidungen? Falls du dich immer noch nicht entscheiden kannst, mach Praktika in jedem dieser Berufe oder sprich mit Menschen, die schon länger darin arbeiten (s. S. 136). Und dann bewirb dich. Spätestens, wenn deine Bewerbung angenommen oder abgelehnt wird, merkst du, was du willst. Wirst du euphorisch? Oder bekommst du Bauchschmerzen? Kannst du die Bauchschmerzen überwinden und den Weg weitergehen? Oder gibt es neben dem Unwohlsein noch andere gute Gründe gegen die Entscheidung und du wählst noch einmal neu?

Dieser Weg zu einer Entscheidung funktioniert natürlich nicht nur bei der Wahl eines Berufs, sondern bei allen Entscheidungen, vor denen du im Leben einmal stehen wirst. Und du musst diesen Entscheidungsprozess jetzt noch nicht beginnen. Denn um eine Berufswahl treffen zu können, die auch Bestand hat, musst du erst einmal wissen:

- Wer du bist, was du kannst und was du willst.
- Wer und was deine Berufswahl beeinflusst.
- Welche Möglichkeiten du überhaupt hast.

Denn bei einer Entscheidung spielen verschiedene Faktoren eine Rolle. Einflüsse nämlich, die von außen kommen. Dazu gehören zuallererst deine Familie und Freunde, aber auch die Informationen, die aus deiner Umwelt auf dich einströmen, und dein Wissen um den Arbeitsmarkt.

Außerdem Einflüsse, die von innen – also aus dir heraus – kommen. Dazu gehören deine Interessen und Hobbys, aber auch das Bild, das du von dir selbst hast, oder deine Wünsche für die Zukunft.

Sich selbst zu kennen ist der wichtigste Schritt auf dem Weg zur Berufswahl. Wenn du nicht weißt, wer du bist und was du kannst, wie willst du da einen Beruf finden, der zu dir passt? Lass uns darum mal genau anschauen, welche Faktoren deine Entscheidung beeinflussen und was du daraus für deine Berufswahl lernen kannst.

Fangen wir mit den äußeren Faktoren an.

Äußere Einflüsse (exogene Faktoren)

Eltern und andere VIPs

Als Kinder orientieren wir uns an dem, was unsere Eltern tun. Geht der Vater jeden Morgen aus dem Haus und kommt spätabends wieder, die Mutter bleibt zu Hause und versorgt Haushalt und Kinder, dann lernen wir: So ist das wohl richtig. Papa geht arbeiten, Mama irgendwie nicht.

Das Gleiche gilt auch, wenn die Mutter den ganzen Tag arbeiten geht und der Vater sich um Haushalt und Kinder kümmert, wenn beide Eltern arbeiten gehen, ein Elternteil hinter geschlossenen Türen im Homeoffice sitzt, wenn beide Eltern zu Hause sind, weil sie keine Arbeit haben – wie unsere Eltern leben, beeinflusst an erster Stelle unser Bild von der Welt. Und davon, was es bedeutet, einen Beruf zu haben (oder eben keinen).

Auch was wir sonst als Kinder und Jugendliche kennenlernen und erleben, beeinflusst, wie wir über Berufe und das Arbeitsleben denken. So sehen dann auch die ersten Berufswünsche im Kindergarten aus: Müllmann, weil die morgens immer mit so einem großen Auto an unserem Haus vorbeifahren. Polizistin, weil die Menschen retten. Arzt, weil die viel Geld verdienen.

Später entwickeln Kinder und Jugendliche aus diesen

und vielen anderen Erfahrungen ihre eigene Meinung: Dass Papa den ganzen Tag arbeiten muss und kaum Zeit mit seinen Kindern hat, ist doch ungerecht, so will ich nicht leben. Dass Mama den ganzen Tag kocht und Staub wischt, ist doch langweilig, so will ich nicht leben. Oder auch: Ein Job bei der Müllabfuhr ist ganz schön anstrengend, als Polizistin sitze ich auch ganz oft am Schreibtisch, ohne jemanden zu retten. Und bis ein Arzt viel Geld verdient, muss er sich erst einmal viele Jahre ohne großen Verdienst abrackern.

Später merken Menschen, dass es noch viel mehr gibt als das, was sie aus ihrer Kindheit und Jugend kennen. Dass es zum Beispiel in manchen Berufen möglich ist, von zu Hause aus zu arbeiten. Dass man auch mit Gelegenheitsjobs und wenig Geld glücklich sein kann. Dass es Menschen gibt, die nur im Sommer arbeiten und den Rest des Jahres in Länder reisen, in denen die Lebenshaltungskosten günstiger sind. Dass man auch ohne Abitur noch studieren oder trotz des Studiums in einem Ausbildungsberuf arbeiten kann.

Wie wir das Leben der Erwachsenen als Kinder kennengelernt haben, beeinflusst uns oft eher unbewusst. Etwa indem wir denken, dass manche Berufe nur für Frauen, andere nur für Männer geeignet sind, weil wir das nie anders kennengelernt haben. Um eine freie Berufswahl zu treffen, ist es wichtig, dir diese unbewussten Einflüsse bewusst zu machen (s. S. 68). Denn nur, wenn dir bewusst ist, was dich beeinflusst, kannst du diese Einflüsse zulassen oder sie abwehren.

Weniger unbewusst ist sicherlich der Einfluss, den deine Eltern oder andere Menschen, die dir wichtig sind, mit Worten und Ratschlägen auf deine Berufswahl nehmen. Vielleicht rät dir deine Mutter zu einer kaufmännischen Ausbildung, weil du damit – ihrer Meinung nach – immer Arbeit findest und dann ja immer noch studieren kannst. Vielleicht sagt dein Vater, du solltest deiner kreativen Begabung folgen und Kunst studieren, er hätte das ja damals auch gern gemacht. Auch wenn ihr wahrscheinlich nicht immer einer Meinung seid, selbst wenn ihr euch gerade sehr oft streitet (das ist völlig normal zwischen Eltern und Jugendlichen), kann es sich lohnen, deinen Eltern zuzuhören. Nur zuhören. Ob du ihre Ratschläge umsetzt oder nicht, bleibt immer noch deine Entscheidung. Eltern (oder auch Großeltern und andere Verwandte) können sehr wichtige Berater bei der Berufswahl sein. Weil sie mehr Lebenserfahrung haben, weil sie dich in der Regel länger kennen als sonst irgendein Mensch, weil sie dich lieben und bestimmt nur dein Bestes wollen. (Haben sie das vielleicht schon öfter genau so gesagt?)

Trotzdem darfst und solltest du ihre Ratschläge hinterfragen. (Das gilt übrigens für jeden Ratschlag, den dir jemand gibt.) Warum empfehlen sie dir eine Ausbildung, warum raten sie dir von einer anderen ab?

Manche Eltern wollen, dass du den Beruf wählst, den sie auch gewählt haben (weil sie damit sehr glücklich sind). Oder dass du gerade den nicht wählst (weil sie damit keine guten Erfahrungen gemacht haben).

Manche Eltern motivieren ihre Kinder, die Träume zu verwirklichen, die sie selbst früher einmal hatten, aber nicht verwirklichen konnten.

Manche Eltern haben Angst, dass ihre Kinder mal keinen guten Job finden. Sie wollen unbedingt, dass aus den Kindern »etwas wird«. Sie haben Status- oder Abstiegsangst.

Andere drängen ihre Kinder gar in bestimmte Berufe, als Nachfolger für die eigene Praxis oder Firma oder in einen Beruf mit hohen Ansehen, das dann auch auf die Eltern zurückfällt. Oder sie erwarten, dass du aus deinen Fähigkeiten besonders viel herausholst, dass du zum Beispiel Medizin oder Jura studierst, weil du eine besonders gute Abi-Note hast.

Wenn du magst, notiere dir die Empfehlungen deiner Eltern (und natürlich die deiner Freundinnen, Lehrer und anderer), damit du sie bei deiner Entscheidung berücksichtigen kannst. Wenn du sie aufschreibst, hast du sie immer parat und kannst später in Ruhe darüber nachdenken, welche Ratschläge für dich passen und welche du verwirfst.

Frag also deine Eltern, Lehrer, Freunde, Verwandte, was

sie sich für dich vorstellen könnten. Als Inspiration, nicht als Erwartung.

Denn die Menschen, die dir nahestehen und deine Berufswahl aufgeregt verfolgen, wollen zwar sicher dein Bestes. Aber deine Eltern oder andere aus den Generationen vor dir wissen oft nicht genau, was im Moment an Berufen gefragt ist, welche neuen Berufe und Ausbildungsmöglichkeiten es gibt – und schon gar nicht, was du dir insgeheim wünschst.

Das ist ohnehin ein Tipp fürs Leben: Am glücklichsten wirst du, wenn du dich von der Meinung anderer frei machen kannst. Ein Mann als Erzieher oder Altenpfleger? Eine Frau als Flugzeugingenieurin oder Lastwagenfahrerin? Ein Einser-Abiturient als Schreiner? Warum denn nicht?

Fatal wäre es, wenn du einen Beruf vor allem deshalb wählst, um die Erwartungen deiner Eltern oder anderer Menschen zu erfüllen. Denn diese Erwartungen werden dich später nicht mit einem Beruf versöhnen, für den du dich quälen musst. Um mit den Erwartungen von Eltern oder anderen Menschen, die dir wichtig sind, umzugehen, ist es wichtig, sie zu erkennen.

Haben alle in deiner Familie studiert, und du würdest jetzt gern eine Ausbildung machen? Oder hat noch nie jemand studiert, du möchtest aber an die Uni? Du hast ein Einser-Abi, mehrere Mathematik-Wettbewerbe gewonnen und willst Busfahrer werden? Sich gegen Erwartungen anderer durchzusetzen und eigene Entscheidungen zu treffen, kann ganz schön schwer sein. Erst recht, wenn bisher immer andere für dich entschieden haben, weil du eben bis vor Kurzem noch ein Kind warst. Aber es gehört zum Weg ins Erwachsenenleben dazu, sich frei zu machen von den Entscheidungen und dem Druck anderer – auch wenn das heißt, dass du deinen Weg erst einmal allein gehst, weil niemand versteht, warum du Metzger werden willst. Oder du dir einen Nebenjob suchen musst, weil deine Eltern das Anthropologiestudium nicht finanzieren wollen. Die Entscheidung liegt bei dir, du musst später mit ihr leben. Es ist eben *dein* Leben!

So ganz können wir die Meinung anderer Menschen natürlich nicht ausblenden. Ihr Einfluss prägt uns. Umso wichtiger ist es, dass wir beeinflussen, wer uns prägt. Als Kind kannst du das schlecht steuern, die Familie suchen wir uns nicht aus. Aber je älter du wirst, desto mehr Freiheiten hast du, dich umzuschauen, wer so ist, wie du werden willst.

Deswegen ist ein wichtiger Schritt zu einer freien Berufswahl, dass du dir deine Weggefährten genau anschaust. Wer hilft dir weiter, wer hemmt dich? Mit wem solltest du noch viel öfter über deine Berufswahl und deine Wünsche sprechen, mit wem lieber nur über Sport oder Politik?

Wenn du von deinem Weg überzeugt bist, dann such dir Menschen, die dich darin unterstützen. Aber schiebe Kritik und Mahnungen nicht völlig beiseite. Wenn deine Eltern dagegen sind, dass du dich als Buchautor versuchst, dann sicherlich nicht, weil sie dir die Freude am Schreiben nicht gönnen. Aber sie sagen wahrscheinlich, dass es schwer ist, als Autor genug Geld zum Leben zu verdienen. Solche Kritik ist wichtig und richtig, denn tatsächlich ist das Einkommen als hauptberuflicher Autor nicht üppig. Aber du könntest dir eine Tätigkeit suchen, die dir auch Spaß macht und genug Geld zum Leben einbringt. Und nebenbei schreiben. Oder dir einen Beruf suchen, der auch mit Literatur und Schreiben zu tun hat, in dem du aber mehr verdienst (etwa als Journalist oder Lektor) – und nebenbei an deinem ersten Roman arbeiten. Um diesen Traum nicht aus den Augen zu verlieren, können wiederum Menschen helfen, die dich dabei unterstützen – und sei es, indem sie immer mal wieder nachfragen, wann sie deine erste Kurzgeschichte lesen können.

Ratschläge von anderen Menschen, Tipps aus Büchern und von Webseiten sind nützlich. Aber: Jeder Mensch ist einzigartig. Was für andere Menschen passt, muss dich nicht glücklich machen. Die Kunst ist, deinen eigenen Weg zu finden.

Ansehen, Einkommen, Arbeitsplätze

Die meisten Menschen, die eine Ausbildung beginnen, entscheiden sich für Kauffrau oder Kaufmann im Einzelhandel, sie werden Kraftfahrzeugmechatroniker, Elektroniker oder Medizinische Fachangestellte (ehemals Arzthelferin).[1]

Unter Studierenden sind die Fächer BWL, Informatik und Rechtswissenschaft am beliebtesten, gefolgt von Maschinenbau, Medizin und Psychologie.[2]

Diese Berufe sind ziemlich oder auch sehr gut angesehen, gelten als sicher, sind relativ oder sogar sehr gut bezahlt und in den meisten lässt sich gut Karriere machen. Verschiedene Studien zeigen, dass das genau die »exogenen Faktoren« sind, die Schulabgängern am wichtigsten sind. Ein sicherer Arbeitsplatz steht an erster Stelle. Außerdem erwarten Berufsanfänger ein gutes Einkommen und Aufstiegsmöglichkeiten. Und dass sich der Job gut mit Freizeit und Familie vereinbaren lässt.[3]

Der »Bedarf«

Es scheint erst einmal schlau, einen Beruf zu wählen, der im Moment sehr gefragt ist. Wenn in den Nachrichten ständig von Lehrer- oder Pflegekräftemangel die Rede ist, sollte man dann nicht unbedingt Lehrerin oder Krankenpfleger werden? Wenn Unternehmen Infotage über naturwissenschaftliche Berufe speziell für Mädchen veranstalten, sollten dann nicht möglichst viele junge Frauen diesem Ruf folgen? Wenn Arbeitskräfte fehlen, dürften die Arbeitsplätze ja sicher und das Einkommen hoch sein, oder?

Das klingt logisch und stimmt auch für einige Berufe. Gerade in naturwissenschaftlichen und technischen Berufen verdient man recht gut.

Andere Berufe dagegen gelten zwar als krisenfest – die

Chancen auf einen Arbeitsplatz schwanken aber, etwa bei Lehrern.

Oft wollen Eltern, dass man studiert. Weil man mehr verdient und angeblich die Arbeitsplätze sicherer sind. Doch da hat sich einiges geändert. Auch Menschen mit Doktortitel können arbeitslos werden. Und mancher Meister[4] verdient mehr als eine Hochschulabsolventin.[5]

Wirtschaftswissenschaftler sprechen von »Schweinezyklen«, wenn die Nachfrage nach etwas steigt (zum Beispiel Schweinefleisch), deswegen mehr Angebot produziert wird (mehr Ferkel) und schließlich die Nachfrage sinkt, weil das Angebot zu groß wird (mehr schlachtreife Schweine, als die Leute essen wollen).[6] Wenn also gerade alle davon reden, dass dringend Handwerker oder Mathematikerinnen gebraucht werden, kann es sein, dass es in ein paar Jahren, wenn du mit Ausbildung oder Studium fertig bist, zu viele Handwerker oder Mathematikerinnen für zu wenig Arbeitsplätze gibt. Orientiere dich also nicht ausschließlich am Bedarf und den vermeintlichen Chancen auf einen Arbeitsplatz.

Vom demografischen Wandel hast du ja sicher schon einmal gehört. Der Begriff beschreibt, dass es in unserer Gesellschaft immer weniger jüngere und immer mehr ältere Menschen gibt. In Deutschland ist die Hälfte der Bewohner heute älter als 45 Jahre.[7] Es gibt nur noch gut halb so viele Menschen unter 20 (18 Prozent) wie vor 70 Jahren (30 Prozent), dafür doppelt so viele Menschen im Rentenalter über 67 (19 Prozent, 1950 waren es 8 Prozent).[8] Wenn du nach 1996 geboren bist, also zur »Generation Z« gehörst[9], bedeutet der demografische Wandel für dich, dass in deinem Geburtsjahr nicht mehr so viele Kinder geboren wurden wie in den Jahrzehnten zuvor. Du musst also mit weniger Gleichaltrigen um Ausbildungsplätze konkurrieren. Das klingt dann erst einmal, als hättet ihr eine größere Auswahl und bessere Chancen, euren Traumjob zu bekommen. Das stimmt aber bei vielen Berufen nicht, denn gefragte Jobs ziehen natürlich auch viele Bewerberinnen an.

Wandel bedeutet auch, dass wir nicht genau wissen, ob die Berufe, für die ihr heute umworben werdet, morgen noch wichtig sind. Besonders groß ist der Bedarf im Moment in Bauberufen, Altenpflege, vielen medizinischen Berufen (etwa Apotheker, Pharmazeuten, bestimmte Fachärzte), Berufen im Zusammenhang mit Digitalisierung, also Programmierer oder IT-Techniker.[10] In anderen nimmt die Nachfrage ab. Auch der digitale Wandel verändert die Berufswelt. Und viele Berufe und Ausbildungsmöglichkeiten sind noch ganz neu und deswegen kaum bekannt, wie der Studiengang »Big Data Management« oder eine Fortbildung in Drei-D-Drucktechnik.

Wenn der Bedarf sich ständig ändert, woher weißt du dann, welche Ausbildung dich zu einem Beruf mit Perspektive führt?

Genau weiß das leider niemand. Vielleicht ist bald ein Roboter auf dem Markt, der manche Pflegearbeiten übernehmen kann (daran wird gerade in mehreren Ländern geforscht, auch in Deutschland, s. S. 183), und es werden doch nicht mehr so viele Pflegekräfte gebraucht.[11] Vielleicht schließen sich bald immer mehr Länder Norwegen und Großbritannien an, die in einigen Jahren keine Autos mit Verbrennungsmotoren mehr zulassen wollen, um den CO_2-Ausstoß zu reduzieren und den Klimawandel zu bremsen. Dann würden in der Autoindustrie viele der herkömmlichen Berufe wegfallen, ganz neue Qualifikationen in Forschung und Innovation wären gefragt, um umweltfreundliche Autos herzustellen. Suche im Internet mal nach »Trendberufen«. Es werden dauernd neue Berufe gekürt, die angeblich in naher Zukunft sehr wichtig sein werden.[12] Vielleicht klingt ja der eine oder andere Beruf interessant für dich und du bekommst noch ein paar Ideen?

Eine Garantie gibt es also nicht, aber du kannst mit hoher Sicherheit annehmen: Berufe in der Kranken- und Altenpflege werden weiter gebraucht. Unsere Gesellschaft wird immer älter, da bleibt viel zu tun, selbst wenn Roboter irgendwann das Essen servieren und einem alten Menschen auf die Toilette helfen könnten. Deutschland hat wenig lukrative natürliche Ressourcen wie Erdöl und Erdgas und kann – im Vergleich zu Ländern etwa in Asien – nicht so günstig produzieren, weil Arbeitskräfte bei uns teurer sind. Unsere Ressourcen sind Wissen, neue technische Entwicklungen, alles, was so leicht keiner nachmachen kann. Berufe im Bereich der Naturwissenschaften, Technik und Innovation werden sicherlich weiter gefragt sein.

Und dass es unserem Klima, der Tier- und Pflanzenwelt immer schlechter geht, hast du hoffentlich auch schon mitbekommen. Es ist Zeit, etwas gegen den Klimawandel und die Umweltzerstörung zu tun. Wir werden immer häufiger mit Naturkatastrophen, Dürren und Überschwemmungen zu tun haben. Berufe rund um diese neuen Herausforderungen, als Ingenieurin für erneuerbare Energien, Stadtplaner, Krisenmanagerin oder Gärtner werden wir also weiterhin brauchen.

Ansehen und Einkommen

Fast genauso wichtig wie die Sicherheit des Arbeitsplatzes und die Zukunftsaussichten eines Berufs ist für die meisten Jugendlichen das Einkommen. Wer schon in der Ausbildung eine eigene Wohnung bezahlen will oder muss, sollte nicht unbedingt Orthopädieschuhmacher werden (453 Euro pro Monat im ersten Lehrjahr), von der Ausbildungsvergütung für angehende Verwaltungsfachangestellte (1001 Euro)[13] oder Pflegefachkräfte (1141 Euro pro Monat im ersten Lehrjahr)[14] lässt es sich dagegen durchaus leben.

Und wer später vielleicht ein Haus kaufen, ein großes Auto fahren und mehrmals im Jahr in den Urlaub reisen will, sollte sich zur Oberärztin oder Fondsmanagerin hocharbeiten, die können rund 100 000 Euro im Jahr verdienen.[15]

Aber du weißt es sicher schon: Geld allein macht nicht glücklich. Ein Job, zu dem du dich jeden Morgen hinquälst, kann dir noch so viel Geld bringen. Ist es das wert, wenn du dafür acht Stunden pro Tag oder noch länger etwas tust, das dich nervt, das die Umwelt zerstört oder Menschen ausbeutet? Denn der Beruf, den du wählst, verändert nicht nur dein Leben, sondern immer auch unsere Gesellschaft und unseren Planeten. Deine Berufswahl bestimmt also auch darüber, wie unsere Welt einmal aussehen wird. Egal ob du später als freundlicher Verkäufer im Supermarkt, als Umweltingenieur oder als Boxtrainerin für Kinder in Brennpunktvierteln arbeitest.

Was denn, die Berufswahl ist schon so stressig genug, braucht es da noch mehr Druck?

So ist das nicht gemeint. Im Gegenteil, wenn du dir bewusst machst, dass ein Beruf mehr ist als nur eine Möglichkeit zum Geldverdienen, bringt das noch einen Aspekt ins Spiel. Vielleicht ist es doch auch gut, weniger zu verdienen, und dafür etwas Sinnvolles zu tun? Die Welt besser zu machen, statt sie auszubeuten? Vielleicht ist es dir jetzt noch egal, aber wenn du einmal Kinder hast, möchtest du vielleicht nicht mehr in einem Beruf arbeiten, in dem du dazu beiträgst, ihre Zukunft zu zerstören.

Mit dem Ansehen und der Anerkennung für einen Beruf ist es so ähnlich wie mit dem Geld: Ein Fußballer wird bewundert, ein Stadtreiniger eher nicht. Ein Model hört deutlich öfter ein beeindrucktes »Oh!« als eine Altenpflegerin. Erstere bekommen auch ein Vielfaches von dem, was Letztere verdienen. Aber auf wen könnte eine Gesellschaft auf keinen Fall verzichten? Auf wen schon? Stell dir deine Stadt ohne Müllabfuhr vor. Und jetzt ohne Fußballstadion.

Ansehen und Einkommen haben oft wenig damit zu tun, wie wichtig und wertvoll ein Beruf für unsere Gesellschaft ist. Mal abgesehen davon, dass nur die wenigsten Menschen

Profi-Fußballer und Model werden können (und diese Berufe viel anstrengender sind, als man oft denkt).

Was bedeutet das alles für dich?

Es ist vernünftig, genau zu überlegen, ob dein Wunschberuf Zukunft hat, wie viel du dabei verdienst und welche Aufstiegsmöglichkeiten es gibt.

»Mach erst mal was Vernünftiges«, »Wie willst du damit Geld verdienen?«, »Und was macht man dann mit so einem Studium?« – lass dich nicht irritieren, wenn du solche Fragen hörst, ignoriere sie aber auch nicht. Wenn da jemand spricht, dem du wichtig bist – also deine Eltern, dein bester Freund, die große Schwester –, dann setze dich ruhig mit der Frage auseinander, sie ist ja gut gemeint. Und deine Antwort darauf überzeugt vielleicht nicht nur deine Eltern oder die Schwester, sondern festigt auch deine Entscheidung und bringt dich selbst weiter.

Gleichzeitig solltest du dich nicht zu geschmeichelt fühlen, wenn dich Unternehmen umwerben und mit gutem Gehalt und Karrieremöglichkeiten locken, weil du gute Mathenoten hast. Manche Betriebe locken dann sogar mit einem Bonus neben dem Gehalt: Finanzierung des Führerscheins, Prämien für die Anwesenheit, Nachhilfe in Deutsch. Das ist nett, sollte aber niemals der Grund für die Wahl eines Ausbildungsplatzes sein. Denk langfristig. Und vergiss das Wichtigste nicht: Entscheidend ist nicht, welcher Betrieb dich will, sondern welchen Beruf *du* willst.

Denn bei der Berufswahl sollte nicht nur dein Kopf, sondern auch dein Bauch mitentscheiden. Eine Berufswahl aus reiner Vernunft wird dich wahrscheinlich nicht glücklich machen. Der Beruf muss auch zu dir passen. Wie du herausfindest, was dir gefällt, damit beschäftigen wir uns später.

Möglichkeiten

Manche Berufe kannst du ziemlich leicht ausschließen – oder musst sie noch etwas aufschieben. Wenn du Konzertpianist werden willst, aber noch nie an einem Klavier gesessen hast, sind deine Chancen auf eine musikalische Laufbahn ziemlich gering. Wenn du einen Hauptschulabschluss hast, aber Pharmazie studieren willst, dann *kannst* du das schaffen, der Weg ist aber länger und beschwerlicher, als wenn du ein sehr gutes Abitur in der Tasche hast

Wer Pilot werden will, muss die rund 70000 Euro teure Ausbildung selbst zahlen.[16] Dagegen ist die Ausbildung zur Physiotherapeutin mit rund 14000 Euro noch richtig günstig.[17]

Dein Schulabschluss, dein Vorwissen und deine finanziellen Möglichkeiten sind weitere äußere Faktoren, die deine Berufswahl beeinflussen. Manchmal ist es ganz einfach: Du willst möglichst rasch eigenes Geld verdienen, dann musst du dir um Unis und Studiengänge keine Gedanken machen (außer du magst dir mal die Möglichkeit eines dualen Studiums anschauen, s. S. 23). Wenn du aber spürst, dass der Gedanke daran, Pilotin zu werden, dein Herz schneller schlagen lässt, oder du schon lange davon träumst, als Physiotherapeut Menschen bei der Genesung zu helfen, musst du den Traum nicht aufgeben. Auch wenn du nicht viel Geld hast und deine Eltern dich nicht unterstützen können, gibt es Möglichkeiten, um eine teure Ausbildung zu finanzieren (etwa Kredite oder eine Kostenübernahme durch einen Betrieb, s. S. 193). Du solltest dir nur vorher bewusst werden, dass der Weg länger und unter Umständen beschwerlicher ist als eine nach Tarif bezahlte Ausbildung.

Arbeitszeiten und -bedingungen

Du hast deine Schullaufbahn fast oder bereits ganz abgeschlossen. Du hast jeden Tag (außer am Wochenende) stundenlang in Klassenzimmern gesessen, mal mehr, mal weniger aufmerksam zugehört, hast über Büchern gebrütet, Hausaufgaben erledigt, warst frustriert und euphorisch, gelangweilt und begeistert, müde, völlig fertig und überrascht. Und vielleicht hast du auch nebenbei schon gejobbt, kleine Kinder gehütet, Zeitungen ausgetragen, im Supermarkt Regale aufgefüllt.

Aber hast du schon mal mehrere Wochen lang jeden Tag (außer am Wochenende) acht oder mehr Stunden immer das Gleiche getan? Die gleichen Leute gesehen, ob du sie magst oder nicht (und die Auswahl ist im Büro meist kleiner als im Klassenzimmer). Dir immer wieder von jemandem sagen lassen, was du wann und wie zu tun hast? Viele Berufe sehen – zumindest wenn man keine Führungsposition innehat – so aus.

Auch das solltest du dir also überlegen: Unter welchen Bedingungen kannst und willst du arbeiten? Welche Arbeitszeiten sind dir wichtig? Brauchst du jemanden, der deine Leistung (und Anwesenheit am Arbeitsplatz) regelmäßig kontrolliert, oder möchtest du möglichst frei arbeiten? Wenn du diese Fragen beantworten kannst, lassen sich einige Berufe oder ganze Berufsfelder schon ausschließen, andere werden dafür interessanter.

Auswirkungen

Arbeit bedeutet, etwas zu tun, was andere wollen, und dafür Geld zu bekommen. Arbeit ist Lebenszeit, die du in der Regel gegen Geld eintauschst. Weil du nur einmal lebst, ist es natürlich wichtig, diese Lebenszeit mit Arbeit zu füllen, die dir Spaß macht. Das kann in einem Unternehmen mit vielen anderen Kollegen sein. Das kann in *deinem* Unternehmen mit deinen Mitarbeitern sein. Das kann auch allein sein, als Selbstständige oder Freiberuflerin.

Dein Beruf ist aber nicht nur das, womit du dein Geld verdienst. Dein Beruf entscheidet in unserer Gesellschaft auch darüber, wie andere Menschen dich sehen. Wo sie dich in der Gesellschaft verorten und wo du auch tatsächlich – durch dein Einkommen und deine beruflichen Kontakte – deinen Platz in der Gesellschaft findest.

Welchen Beruf du ausübst, entscheidet auch über deine Gesundheit. Schichtarbeit schwächt das Immunsystem[18], Arbeit in der Pflege geht auf den Rücken, Arbeit in lärmendem Umfeld (Klassenzimmer oder Werkhalle) kann auf Dauer sehr belastend sein, und eine eintönige oder als sinnlos empfundene Arbeit kann eine Depression begünstigen[19].

Und du hast es oben schon gelesen: Deine Arbeit wirkt sich auf deine Mitmenschen und die Umwelt aus.

Auch diese Auswirkungen können Einfluss auf deine Entscheidung haben.

All diese äußeren Einflüsse solltest du dir bewusst machen. Nur dann kannst du dich von ihnen frei machen. Das ist wichtig, um herauszufinden, was *du* willst. Und damit beschäftigen wir uns im nächsten Kapitel.

?FRAGEN **1**

Diese Fragen (und natürlich deine Antworten darauf) helfen dir, mehr darüber zu erfahren, welche äußeren Faktoren deine Berufswahl beeinflussen.

- Was arbeiten deine Eltern? Welches Bild hast du vom Leben als berufstätige Erwachsene? Gefällt dir dieses Bild? Willst du auch so leben oder eher völlig anders?
- Was kannst du tun, um dich von den Erwartungen und Forderungen anderer frei zu machen? Gibt es Menschen, mit denen du lieber nicht mehr über deine Berufswahl reden möchtest, weil sie dich verunsichern oder unter Druck setzen? Wie kannst du dich abgrenzen?
- Wie viel Geld willst du einmal verdienen? Frag deine Eltern und andere Erwachsene, welches Einkommen nötig ist. 1000 Euro pro Monat mögen im Moment viel scheinen, mit Kindern, Auto

und Wohnung reicht das aber nicht für ein sorgenfreies Leben.

– Wie wichtig ist dir das Einkommen überhaupt? Auch mit relativ wenig Geld lässt es sich gut leben, wenn man genügsam ist und ohne unnötigen Konsum auskommt und dafür viel Zeit für Familie, Freundschaften und Hobbys hat.

– Wie viel Freiheit ist dir wichtig? Willst du möglichst feste Arbeitszeiten haben und wissen, wann du frei hast? Oder möchtest du deine Arbeitszeit selbst einteilen, auch am Wochenende und an Feiertagen? Könntest du dir vorstellen, im Schichtdienst zu arbeiten (zum Beispiel als Krankenpfleger)? Oder frühmorgens (etwa als Bäckerin) oder spätabends (als Barkeeper)? Ob du eher ein Frühaufsteher oder ein Langschläfer bist, hat sich vielleicht noch gar nicht herausgestellt. Gerade Jugendliche schlafen meist sehr lang und gehen erst spät ins Bett. Bedenke auch: Unregelmäßige Arbeitszeiten und Wochenenddienste machen es schwerer, Freunde zu treffen oder sich später um eigene Kinder zu kümmern. Schichtarbeit und Nachtdienste wirken sich auch auf die Gesundheit aus. (Nachtschichten sind übrigens – abgesehen von Ausnahmen wie etwa die Arbeit in Bäckereien – erst ab 18 Jahren erlaubt, unter 18 Jahren gelten strengere Arbeitszeitgesetze.)

- Welche Aufstiegsmöglichkeiten brauchst du? Möchtest du einmal Verantwortung für Mitarbeiter tragen und über ein Budget entscheiden müssen? Oder bedeutet Erfolg für dich vielmehr, dass du gern und möglichst eigenständig in deinem Beruf arbeitest, ohne dich eine Karriereleiter hinaufzumühen? Willst du lieber mit möglichst flachen Hierarchien arbeiten, vielleicht sogar ohne eigene Chefin?
- Welche Weiterbildungsmöglichkeiten wünschst du dir? Willst du von deiner Ausbildung bis zur Rente bei der gleichen Tätigkeit bleiben? Oder möchtest du auch in den kommenden Jahrzehnten noch möglichst viel dazulernen und dich weiterentwickeln, häufiger neue Aufgaben übernehmen?
- Soll der Ausbildungsplatz an deinem Wohnort sein oder würdest du dafür auch umziehen? Und an welchem Ort willst du später arbeiten? Es gibt Berufe, die kannst du nur an wenigen Orten ausüben (etwa Fluglotsin), andere hingegen weltweit und von überall aus (zum Beispiel freiberufliche Webdesignerin).
- Willst du etwas erschaffen und nach Feierabend oder nach ein paar Wochen etwas sehen und anfassen können, das *du* gemacht hast? Oder musst du nicht ständig ein Ergebnis vor der Nase haben? Willst du jeden Tag viel reden (mit Kunden,

Patienten, Kollegen) oder möglichst viel allein arbeiten? Willst du immer wieder etwas Neues lernen und herausgefordert werden? Oder fühlst du dich mit Routine und gleichen Abläufen sicherer?

- Wie wichtig ist dir das Ansehen deines Berufs? Willst du bewundert werden?
- Willst du nach Studium oder Ausbildung noch möglichst viele Optionen offen haben und verschiedene Berufe ergreifen können (zum Beispiel als Mathematiker oder Historikerin)? Oder soll dich deine Ausbildung möglichst schon auf einen Beruf festlegen (etwa als Maurer)?
- Wie sicher soll dein Arbeitsplatz sein? (Friseure und Krankenpflegerinnen braucht man immer ...) Oder traust du dir zu, flexibel genug zu bleiben, um dich zur Not in 20 Jahren noch einmal nach einem anderen Beruf umzuschauen?

AUS EIGENER ERFAHRUNG

NATALIA ALEXA CHARPILO, 45
MARKETING DIRECTOR

Schon als Schülerin wusste ich: Ich will unbedingt in Westeuropa leben. Und ich wollte reisen, um die ganze Welt zu sehen. Ich wollte Anerkennung für meine Arbeit bekommen und ein freies Leben führen. All das war in meiner Heimat – damals UdSSR, seit 1991 Russland – Anfang der 1990er-Jahre kaum möglich. Das Land steckte seit Jahren in einer Krise nach der anderen.

Meine gesamte Familie – Mutter, Vater, Großmutter, Tanten und Onkel – waren Ärzte. Aber ich wollte Wirtschaftswissenschaften studieren, weil ich damals schon wusste, dass ich mit so einer Ausbildung bessere Chancen hätte, in Westeuropa arbeiten zu können.

Während meines Studiums in Russland bewarb ich mich für ein Austauschprogramm samt Vollstipendium beim Deutschen Akademischen Austauschdienst und wurde aus mehreren Tausend Bewerbungen ausgewählt. So kam ich nach Passau und studierte zunächst Sprachen und Sozialwissenschaften. Nach einem Jahr wechselte ich zur Ludwig-Maximilians-Universität in München und setzte mein Studium fort – mit den Schwerpunkten auf Betriebswirtschaft und Psychologie. Weil mich meine Eltern nach dem einjährigen Stipendium finanziell nicht unterstützen konnten, musste ich neben meinem Studium Geld verdienen. Ich arbeitete als Werkstudentin und Praktikantin bei Unternehmen wie Siemens, Commerzbank, Mannesmann (heute Vodafone), Roland Berger. Dabei übernahm ich ganz verschiedene Aufgaben: von Datenbanken-Pflege, Entwicklung eines Innovationsmanagement-Programms bis zu Start-up-Bewertungen für eine Firma, die sich mit viel Geld an jungen Unternehmen beteiligt.

Diese Jobs haben mir weit mehr gebracht als ein Einkommen – so konnte ich unterschiedlichste Branchen und Unternehmen kennenlernen und ausprobieren, welche Aufgaben mir Spaß machen und für welches Unternehmen ich nach meinem Studium arbeiten will. So wusste ich genau: Mein richtiger Job sollte mich jeden Tag herausfordern – Routine war nichts für mich. Und ich wollte mit spannenden Menschen zusammenarbeiten – am besten solchen Menschen, die eine ganz andere Geschichte, Weltanschauung und Ausbildung haben als ich. Und die mir Vorbilder und Inspiration sein konnten.

Das würde ich auch jedem raten, der im Beruf erfolgreich sein will: Entscheide dich, was du in deinem Leben erreichen willst, was dir wichtig ist. Welche Themen begeistern dich? Was beflügelt dich? Wenn du das gefunden hast, richte deine Entscheidungen im Leben danach aus, verliere dein Ziel nie aus den Augen und frage dich bei jeder Entscheidung: Bringt mich dieser Schritt meinem Ziel näher? Würde er mir Spaß machen? Wenn ja – dann tue es. Überlege dir aber jeden Schritt gut, denn Entscheidungen später zu ändern kann schwierig und kostspielig sein. Und manchmal ist es sogar zu spät, um eine Entscheidung noch zu ändern.

Für welchen Beruf auch immer du dich entscheidest, schau dir vor einer Bewerbung die Industrie und das Unternehmen genauer an, etwa durch einen Nebenjob in der Firma oder ein Praktikum. Denn es ist wichtig, dass du später dort arbeitest, wo du dich gefordert und gefördert, aber auch verstanden und aufgehoben fühlst.

Für mich als BWL-Absolventin war die Entscheidung relativ einfach. Grundsätzlich gab es drei gute Optionen: Investmentbanking, Unternehmensberatung und hochtechnologische Industrie. Ich entschied mich für die Unternehmensberatung und fing als Juniorberaterin bei der Boston Consulting Group (BCG) an. In meinem ersten Projekt kam unser Team zu einem kleineren privaten Industrieunternehmen, das von einer anderen Firma aufgekauft wurde. Der Käufer wollte, dass BCG die gekaufte Firma neu strategisch ausrichtet und strukturiert. Das Ziel war es, in ein paar Jahren das Unternehmen an die Börse zu bringen. Das war so anders als alles, was ich im Studium gelernt hatte. Ich musste verstehen, wie diese Firma funktioniert, herausfinden, wo man sparen kann und welche Strategie für das Unternehmen künftig die beste ist, um profitabel zu wachsen. Das Projekt war sehr erfolgreich und in fünf Jahren half unser Team, das Unternehmen an die Börse zu bringen. Das war der größte Börsengang in Deutschland in diesem Jahr. Und es machte mich glücklich, einen Beitrag zum Erfolg des Unternehmens geleistet zu haben.

So spannend ging es weiter. Jedes Projekt brachte etwas Neues: ein neues Unternehmen, neue Herausforderungen, eine neue Wettbewerbssituation. Unsere Projektteams arbeiteten überwiegend direkt mit den Kunden zusammen, denn auch Mitarbeiter auf der Kundenseite gehören zu einem Projektteam.

Nach ein paar Jahren bin ich von der Juniorberaterin zur Projektleiterin aufgestiegen. Ich war verantwortlich für Kundenprojekte, für die Beziehung zum Kunden und die Berater im Projektteam. In kürzester Zeit musste ich sehr viel Neues lernen, vor allem wie man Projekte leitet, mit Kunden umgeht und Mitarbeiter führt.

Nach ein paar Jahren wechselte ich die Seiten: von der Arbeit für Kunden zur Arbeit für BCG selbst im Global Marketing Team. Zurzeit beschäftige ich mich mit vielfältigen Themen rund um digitales Marketing. Es bleibt weiterhin spannend, vielfältig und lernintensiv.

Ich empfehle jedem, nicht zu lange in einer bequemen Position bei ähnlichen Aufgaben zu verharren, sondern neugierig zu bleiben und immer wieder neue Herausforderungen zu suchen. Nur so machst du wertvolle Erfahrungen und schärfst deine Persönlichkeit und dein berufliches Profil.

Ich bin glücklich mit dem, was ich bis heute erreicht habe. Wäre es möglich, noch mehr zu erreichen? Sicherlich. Aber für mich ist es eine Frage des Preises und der Prioritäten. Wenn du dich nur auf deine Karriere konzentrierst, wirst du mit großer Wahrscheinlichkeit noch erfolgreicher. Aber ich messe meinen Erfolg daran, wie gut ich mich fühle in meinem Leben. Habe ich Zeit für schöne Dinge? Habe ich nicht nur einen tollen Beruf, sondern auch eine tolle Familie, gute Freunde und aufregende Hobbys?

Ich finde es wichtig, nicht nur ein einziges Ziel zu verfolgen. Sonst wird man vielleicht gar nicht glücklich, weil noch etwas fehlt.

Innere Einflüsse (endogene Faktoren)

Die äußeren Faktoren, die deine Berufswahl beeinflussen, sind ziemlich überschaubar. Du solltest dir Gedanken darüber machen, wie wichtig dir Einkommen, Ansehen und Aufstiegsmöglichkeiten sind und welche äußeren Umstände (etwa Kosten oder Schulabschluss) oder welche Auswirkungen deines Berufs manche Bereiche für dich ausschließen.

Dann gibt es aber noch jene inneren Faktoren, also alle Kriterien für eine Entscheidung, die ganz individuell sind und mit dir als Mensch zu tun haben. Dazu gehören dein Geschlecht und deine Vorstellungen von der Zukunft, deine Interessen und Fähigkeiten. Diese inneren Faktoren sind wichtiger als die äußeren. Denn nur in einem Beruf, der dich interessiert, der dir Spaß macht und der zu dir passt, kannst du über Jahre und Jahrzehnte motiviert arbeiten und erfolgreich sein. Geld und Arbeitsplatzsicherheit sind wichtig, aber Freude an der und Lust auf die Arbeit machen insgesamt zufriedener als monatliches Geld, für das man ein Drittel seines Tages (oder noch länger) frustriert war.

Du willst dich selbst verwirklichen? Dann musst du erst einmal wissen, was es da zu verwirklichen gibt. Wer du bist.

Was du magst oder was du kannst?

Spaß – den finden Jugendliche im Beruf besonders wichtig.[1]

Spaß – den finden Erwachsene auch dann noch sehr wichtig, wenn sie schon länger im Beruf sind.[2] Das zeigen Umfragen unter Berufsanfängern und Berufstätigen schon lange. Um es also noch einmal auf den Punkt zu bringen: Freude am Beruf ist das wichtigste Kriterium bei der Berufswahl.

Die Frage danach, was dir Spaß macht, klingt erst einmal ganz einfach zu beantworten. Aber: Nach zwei, drei Schlagworten fällt den meisten nichts mehr ein. Fußball, tanzen, lesen? War da sonst noch etwas? Es lohnt sich, etwas länger darüber nachzudenken, was dir liegt. Denn es sind ja nicht nur bestimmte Tätigkeiten oder Hobbys, die Spaß machen. Spaß machen kann auch: mit Menschen zusammen sein, Herausforderungen meistern, allein in der Natur sein, mit Händen oder Kopf arbeiten, Ängste überwinden, Neues ausprobieren.

Lass uns ganz kurz überlegen, was es eigentlich bedeutet, »Spaß« oder »Freude« an etwas zu haben.

Kennst du diesen Zustand, wenn du alles um dich herum vergisst, Zeit und Ort, manchmal sogar Hunger und Durst, weil dich das, was du tust, in diesem Moment völlig ausfüllt? Das kann ein spannendes Buch sein, ein aufregendes Computerspiel oder auch ein mitreißendes Handballspiel. Und schlug dein Herz schon einmal schneller bei dem Gedanken, das Buch wieder in die Hand zu nehmen, das nächste Level zu meistern, bald wieder mit dem Ball in der

Hand auf dem Platz zu stehen oder demnächst im Flieger zu sitzen in ein unbekanntes Land?

Natürlich wird kein Beruf der Welt immer so ein wohliges Gefühl auslösen, keine Tätigkeit macht jeden Tag Spaß. Natürlich wirst du (immer mal wieder) lieber bei Sonnenschein am Strand liegen oder abends mit der besten Freundin oder dem Freund rumhängen wollen, statt arbeiten zu gehen. Aber auf Dauer und über einen längeren Zeitraum gesehen sollte dir deine Arbeit Spaß machen, immer wieder freudiges Herzklopfen auslösen und dich Zeit und Raum vergessen lassen. Du solltest also auf Dauer lieber diesen Job machen wollen, als wochenlang am Strand zu liegen und nichts zu tun.

Um dir bewusst zu machen, was dir wichtig ist, welche Interessen du hast und was dir *Spaß* macht, kannst du dich hinsetzen (oder spazieren gehen, Rad fahren ...) und nachdenken. Vielleicht magst du dir auch eins deiner leeren Notizblätter aus deinem Berufswahlordner herausholen und ein paar der folgenden Strategien ausprobieren.

Gerade wenn du noch in der Schule bist, klingen solche Übungen wahrscheinlich lästig und schmecken sehr nach Hausaufgabe. Sie können aber auch total spannend sein. Denn wie oft machst du dir Gedanken darüber, wer du bist und was du kannst? Damit sind nicht diese Gedanken gemeint, in denen du dich kritisierst und mit anderen vergleichst. Sondern Gedanken, die dich stärken, dich weiterbringen und etwas größer werden lassen, als du dich normalerweise fühlst.

Nicht jede dieser Übungen wird dir zusagen. Manche Menschen denken gern mit dem Stift in der Hand, andere nicht. Probier einfach aus, was dich neugierig macht. Oder wandele die Übungen ab, wie sie dir gefallen.

Im Hier und Jetzt

Konzentriere dich darauf, was deinen Alltag in diesem Schuljahr ausmacht. Und notiere dir zu jeder dieser Fragen jeweils fünf Antworten in Stichpunkten.

Was beschäftigt dich in dieser Zeit am meisten?

Womit verbringst du einen normalen Wochentag?

Womit ein normales Wochenende?

Womit würdest du deine Zeit gern verbringen, wenn du könntest?

Was ärgert dich, was würdest du gern ändern?

Welche Menschen umgeben dich, welche beeinflussen dich?

Wie fühlst du dich in deinem Körper?

Wie fühlst du dich in deiner Familie?

Wie zufrieden bist du gerade mit deinem Leben?

Zeichne oder schreibe deine Antworten auf. Das muss niemand sehen oder lesen, es ist nur dafür da, deine Gedanken zu ordnen und dir bewusst zu machen, wo du gerade stehst.

Eine Zeitreise

Lass deine Gedanken in die Zukunft fließen, dorthin, wo du mal sein willst. Wie stellst du dir dein Leben vor? Was macht dich glücklich, was lässt dein Herz schneller schlagen?

So eine Vision zu haben kann dich motivieren, nach deinen Möglichkeiten im realen Leben zu forschen. Und wenn du dich ohne Anstrengung in so einer Vision verlieren kannst, ist das, was du dir vorstellst, vielleicht etwas, was dir liegt.

Erträume dir einen oder mehrere mögliche Berufe, die dir gefallen könnten: Was begeistert dich daran? Was würde dir fehlen, das du sonst noch gern tust, aber das in dem Beruf keinen Platz findet? Kein Beruf wird dir alles bieten, was du dir wünschst. Nicht immer sind alle Kollegen nett, die Arbeitszeiten flexibel und die Aufgaben spannend. Setze Prioritäten. Was ist dir am wichtigsten, und auf welche Wünsche an deinen Job kannst du auch verzichten? Darf der Beruf auf keinen Fall draußen stattfinden und willst du mit möglichst wenig Menschen zu tun haben? Willst du auf jeden Fall nach der Ausbildung genug verdienen, um ein teures Hobby oder später Mann und Kinder allein zu finanzieren?

Erträume dir künftige Erfolge: den Studienabschluss, einen Karrieresprung, eine Reise, deinen ersten eigenen Song, eine Erfindung, einen großen Auftritt. Wen hast du bis zu diesem großen Moment kennengelernt, was hast du erreicht, wo stehst du jetzt in diesem Tagtraum? Was hast du erlebt, was hast du zu erzählen? Worauf bist du stolz?

Wie bist du? Was denken die Menschen um dich herum von dir? Und was bedeutet Erfolg für dich? Geld, eine hohe Position, eigene Entscheidungen treffen zu können, möglichst wenig (an einem festen Ort) arbeiten zu müssen?

Wenn du kreativ bist und dir so etwas Spaß macht, kannst du deine Träume und Wünsche auch aufzeichnen, eine sogenannte Mindmap erstellen mit Berufswünschen, die du hast. Du kannst auch eine kleine Geschichte über deinen Traumberuf schreiben. Manchen Menschen hilft es, ihre Gedanken und Wünsche auf diese Weise zu Papier zu bringen. Und oft strömen noch einmal ganz neue Ideen in den Kopf, wenn man die Gedanken auf Papier kritzelt.

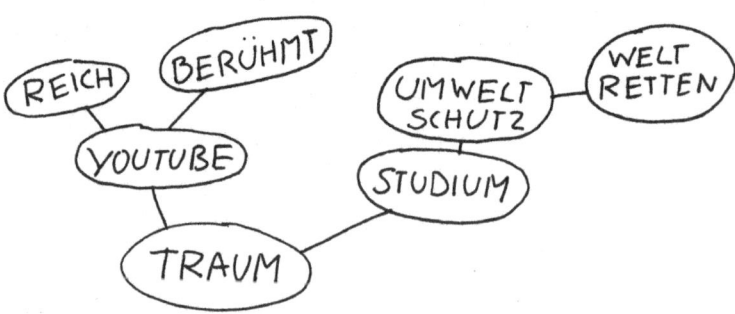

Der Weg

Du hast dir deine jetzige Situation bewusst gemacht, kennst also deinen Startpunkt.

Du hast dir dein Ziel bewusst gemacht – das muss noch kein konkreter Beruf sein, es reicht auch ein Lebensgefühl oder einfach die Art und Weise, wie du einmal leben willst.

Nun fehlt noch die Zeit dazwischen. Was muss zwischen

heute und deiner erträumten Zukunft passieren, damit du deine Ziele erreichen kannst? Was sollte sich ändern? Das kann noch ganz vage sein (»Beruf finden«, »Partner finden«, »selbstbewusster werden«) oder auch schon konkret (»für eine Ausbildung zur Mediengestalterin beim Saarländischen Rundfunk bewerben«, »Kim nach einem Date fragen«, »der Organisation ›Toastmasters‹ beitreten und öffentliches Reden trainieren«).

Nun könntest du dir Start, Ziel und den Weg dazwischen aufzeichnen und die Schritte eintragen, die du in Richtung deines Ziels gehen musst. Auf der linken Seite des Weges stehen die vagen Zwischenschritte (Bücher über Berufswahl lesen, Praktikumsstellen raussuchen), auf der rechten Seite die konkreten Schritte, wo immer es möglich ist sogar mit Zeiten und Fristen (29. Juli: Bewerbung für Praktikumsplatz als Eventmanager zum Gegenlesen an Tante Lilli schicken, 31. Juli: Bewerbung für Praktikumsplatz abschicken). Es ist nicht schlimm, wenn noch große Teile des Weges im Dunkeln liegen (du also weder links noch rechts etwas aufgeschrieben hast), oft sieht man eben erst schärfer, wie der Weg aussieht, wenn man ihn geht.

Dein Lebenslauf
Schreibe deinen bisherigen Lebenslauf auf. Das hast du vielleicht schon für eine Bewerbung gemacht. Jetzt geht es aber nicht (nur) darum, was du schon gelernt hast und gut kannst. Sondern auch um diese Fragen:

Wann in deinem Leben ging es dir am besten?

Warum ging es dir damals gut?

Wo hast du Tiefen erlebt und durchgestanden? Was hast du daraus gelernt?

Wer hat dich in schweren Zeiten begleitet? Von wem hast du gelernt?

Welche Eigenschaften haben dir in Krisen geholfen? Welche hättest du noch gebraucht?

Erfahrungen prägen uns – und sie haben meistens mit anderen Menschen zu tun. Entscheidungen treffen wir auch aufgrund der Erfahrungen, die wir bisher gemacht haben. Deswegen sind diese Fragen wichtig: Welche Erfahrungen haben dich bisher geprägt? Welche hast du gern gemacht? Auf welche hättest du gern verzichtet? Was kannst du trotzdem aus ihnen lernen?

Manche Erfahrungen lassen sich überschreiben, indem man neue – gute! – Erfahrungen macht. Wurdest du in der Schule bei Referaten ausgelacht? Übe dich im Reden vor anderen, etwa in Rednerclubs oder indem du anderen etwas beibringst, was du gut kannst, etwa an der Volkshochschule oder in kleinen Kursen für jüngere Schüler an deiner Schule. Dort lacht normalerweise keiner mehr und du gewinnst Selbstvertrauen.

Hast du Angst, wieder in einer Prüfung durchzufallen oder eine andere Herausforderung nicht zu schaffen? Stelle dich der Angst (ich weiß, das sagt sich so leicht). Auch außerhalb der Schule gibt es Möglichkeiten, etwas zu lernen und darin eine Prüfung abzulegen, der Druck ist dann aber meist nicht so groß. Du könntest einen Erste-Hilfe-Kurs bestehen, einen Kampfsport bis zur ersten Gürtelprüfung trainieren (das dauert meist nur wenige Monate), die gestresste Mutter mit den drei kleinen Kindern im Nachbarhaus fragen, ob du ihr helfen kannst. Erfolgserlebnisse kannst du gezielt suchen und dadurch manchen Misserfolg vergessen. Und du gewinnst neue Erfahrungen, die du dir in deinen Lebenslauf schreiben kannst.

Euer Familienwappen

Egal ob deine Familie aus Mama, Papa, Kind besteht oder bunt zusammengesetzt ist aus Bonus-Eltern, Halbgeschwistern und Wahl-Omas – erinnere dich an die schönsten Momente, die du mit deiner Familie teilst. Was sind eure Rituale? Was ist euch besonders wichtig? Wer gehört alles zur Familie? Zeichne euer Wappen. Unterteile es in vier Bereiche, wie es bei Wappen oft der Fall ist. In einen Teil zeichnest du eine schöne Erinnerung, in den nächsten ein Bild, das für eure Werte steht. Im dritten Teil malst du ein Ritual und in den vierten eure Familienmitglieder. Dann drehst du das Wappen um, teilst es wieder in vier Teile und zeichnest dort die weniger schönen Seiten eurer Familie hinein: störende Eigenarten, Laster, Belastendes und Tabus, also Dinge, über die bei euch nicht gesprochen wird.

Es ist dabei nicht wichtig, wie schön oder erkennbar du zeichnest. Und auch hier gilt wieder: Außer dir muss niemand diese Bilder sehen. Es ist eher eine Denk- als eine Kreativaufgabe. Beim Zeichnen und Nachdenken fallen dir wahrscheinlich immer mehr Sachen über dich und deine Familie ein. Und zum Schluss weißt du etwas sicherer: Wie hat dich deine Familie bisher geprägt? Wie soll sie auch weiterhin dein Leben beeinflussen? Wovon willst du dich distanzieren? Womit möchtest du in deinem Leben nicht mehr so viel zu tun haben? Und – weil es hier ja vor allem um dieses Thema geht – wie beeinflusst deine Familie deine Berufswahl? Fühlst du dich bestärkt oder unter Druck gesetzt? Möchtest du deiner Mutter oder einem Onkel nacheifern oder einen Weg einschlagen, den deine Familie nicht so ganz versteht?

Wenn du magst, kannst du dein Wappen auch mit der Seite (egal ob positiv oder negativ) in dein Zimmer hängen, die dich gerade am meisten anspricht und dazu motiviert, ein bestimmtes Problem anzupacken oder dich einfach gut zu fühlen. Du kannst es aber auch zerreißen oder verbrennen, wenn du dich symbolisch von den negativen Seiten deiner Familie distanzieren möchtest.

Der Lebensbaum

Zeichne einen Baum mit mächtigen Wurzeln und ausladender Krone.

Schreibe entlang der Wurzeln, worauf sich dein Leben gründet. Wer und was gibt dir Halt und Kraft im Leben?

Schreibe entlang des Stamms, was dich in diesem Moment ausmacht. Was kannst du besser als andere? Worauf bist du besonders stolz?

Schreibe entlang der Äste, woran du Spaß hast und was du gut kannst. Welche Hobbys hast du? Wofür loben oder bewundern dich andere?

Zum Schluss: Male die Wurzeln, Äste und Zweige, die dir besonders wichtig sind, kräftig an. Markiere, wo sich neue Äste und Zweige bilden könnten. Wie kannst du den Baum weiter wachsen und blühen lassen?

Die Messlatte

Schreibe maximal sieben Eigenschaften und Fähigkeiten auf, die dich auszeichnen, also sieben Stärken. Was macht dir viel Spaß, was kannst du besser als andere, was fällt dir leicht?

Neben jede davon malst du eine Skala von 1 bis 5. 1 bedeutet »kann ich ganz gut«, 5 steht für »kann ich besser als alle anderen«. Bewerte danach jede deiner Stärken.

Schau dir deine Stärken genau an. Welche davon sind dir besonders wichtig? Wenn du einige mit weniger als 4 Punkten bewertet hast, was kannst du tun, um dort noch besser zu werden? Wen kannst du dabei um Hilfe bitten? Wer könnte dein Vorbild sein?

Der Horrorjob

Dreh die Suche nach dem perfekten Beruf einmal um: Welcher Beruf wäre der absolute Horror für dich? Welche Tätigkeit? Welcher Ort? Welche Art von Kollegen und Vorgesetzten? Welche Arbeitszeiten? Und welche Grenze sollte das Gehalt auf keinen Fall unterschreiten (okay, das ist schwer –

bitte dazu vielleicht deine Eltern um Hilfe)? Manchmal hilft es, sich klarzumachen, was man auf keinen Fall will. Alles andere ist dann schon mal nicht ganz so schlimm.

Mehr Ideen findest du auf karrierebibel.de/was-soll-ich-werden

»Ich bin ...«

Versuche einmal, dich ganz kurz selbst vorzustellen. Was sollten andere über dich wissen? Was sollte deine potenzielle Chefin in einem Bewerbungsgespräch sofort erfahren? Was ist eher für ein nettes Mädchen in einer Bar wichtig? Und was für die Eltern deines Freundes?

Das ist eine gute Übung für eine Berufsmesse (s. S. 124) oder ein Bewerbungsgespräch (s. S. 212). Es ist aber auch eine gute Übung für dich. Denn nur die wenigsten können spontan sagen, wer sie sind (abgesehen von Namen, Alter und Beruf). So machst du dir bewusst, was dich ausmacht und was dir wichtig ist.

Du hast es sicherlich gemerkt, bei diesen Aufgaben geht es nicht mehr nur um die Berufswahl. Es geht auch nicht nur darum, herauszufinden, was dir Spaß macht. Es geht darum, dass *du* dich besser kennenlernst.

Diese Aufgaben helfen dir, dich selbst wahrzunehmen. Wenn du magst, schreib dir die Antworten dazu auf. Nimm dir Zeit, um wirklich über dich und dein Leben nachzudenken. Wenn du erst mal acht Stunden am Tag im falschen Job steckst, ist es zu spät dafür.

Zu dir und deinem Leben gehören auch deine Wünsche,

deine Träume und deine Bedürfnisse. Schreib sie ebenfalls auf und lies in ein oder zwei Jahren noch einmal nach. Du wirst sehen, wie viel sich dann (oft zum Besseren) geändert hat.

Im Idealfall ist dir nun schon etwas klarer geworden, welche Tätigkeiten du dir vorstellen kannst und wo es Hürden auf dem Weg zu deinem Traumberuf gibt.

Der ultimative Test, dass du etwas gefunden hast, was dir Spaß macht, ist dieser: Wenn du etwas auch dann tun würdest, obwohl du kein Geld dafür bekommst und alle anderen es uncool finden – dann hast du etwas gefunden, was du wirklich gern tust! (Selbst wenn das Computerspielen ist – auch damit kann man Geld verdienen.)

EXKURS: HOBBY ZUM BERUF MACHEN

Das klingt logisch und schlau: Mit etwas Geld verdienen, dass dir sowieso Spaß macht.

Aber es sollte ein Hobby sein, das du die nächsten Jahrzehnte ausüben willst und mit dem sich auch wirklich Geld verdienen lässt. Computerspielen ist sicher ein Hobby, aber wenn man nicht gerade Millionen-Klickzahlen mit »Let's Plays« auf YouTube erreicht oder als E-Sportler gute Werbeverträge abschließt, wird es wahrscheinlich schwierig, allein mit dem Spielen genug Geld zu verdienen, dass es zum Leben reicht. Aber es kann ein Anhaltspunkt sein: Vielleicht kannst du dich dafür begeistern, selbst

Computerspiele zu designen oder zu programmieren? Vielleicht macht es dir auch einfach Spaß, Herausforderungen zu meistern und in einer Tätigkeit richtig gut zu sein? Das ist in vielen Berufen möglich.

Hobbys muss man nicht unbedingt zum Beruf machen – oft geht es gar nicht, und oft tut es auch gut, neben dem Beruf noch etwas ganz anderes zu tun, das einfach nur Spaß macht. Aber Hobbys können ein guter Hinweis darauf sein, was dich interessiert, was dir gefällt und was du gut kannst. Überlege dir also: Was genau macht dir an deinem Hobby Spaß? Welche deiner Fähigkeiten machen dein Hobby erst möglich?

Wenn du in deiner Freizeit in einer Band oder im Orchester spielst, bist du nicht nur musikalisch, sondern kannst dich auch gut in ein Team einfügen. Wenn du gern mit Freunden feiern gehst, bist du wahrscheinlich ein kommunikativer Mensch, der andere begeistern kann. Solche Eigenschaften werden in vielen Berufen gebraucht.

Vergiss aber auch nicht: Selbst wenn du dein Hobby zum Beruf machst, bist du dann aber nicht nur mit deinem Hobby beschäftigt. Wenn du gern und gut malst, dann wirst du auch als Künstler deine Tage nicht nur mit Malen verbringen. Du müsstest Kontakte knüpfen, Galerien anschreiben, dich mit Buchhaltung und Marketing beschäftigen, vielleicht auch damit, wie man Kinder und Erwachsene unterrichtet. Denn um Geld zu verdienen, musst du deine

Bilder ja verkaufen oder andere Wege finden, um mit deinem Hobby Geld zu verdienen, etwa indem du Menschen in Malerei unterrichtest oder Hausbesitzern große Graffiti auf die Hauswand sprühst. Möchtest du das? Liebst du die Freiheit, aber auch die Unsicherheit in einem selbstständigen Beruf? Das kann toll sein! Wenn dein Hobby dein Beruf wird, musst du es allerdings auch dann ausüben, wenn du gerade keine Lust dazu hast oder dich nicht danach fühlst.

Oder soll das Hobby doch nur ein Hobby bleiben, zum Beispiel weil du dir Unterrichten oder die Selbstständigkeit als Künstler nicht vorstellen kannst?

Wenn dein Beruf einmal das Wichtigste in deinem Leben sein soll, ist das deine Entscheidung. Falls du keine Aufträge mehr bekommst oder keine Schüler mehr findest, was immer einmal passieren kann, stehst du dann wirklich vor dem Nichts. So wie man Geld möglichst breit investieren soll, um nicht bei einer Firmenpleite gleich alles zu verlieren, so solltest du auch deine Zeit und Energie breit verteilen. Arbeit ist wichtig. Freizeit und Hobbys sind es auch.

Aber Spaß ist nicht alles. Wenn du mit etwas, das dir Spaß macht, Geld verdienen willst, musst du es auch gut können (oder zumindest lernen können). Also: Was kannst du? Schauen wir mal.

Was du kannst

Es klingt so einfach: Mache dein Hobby zum Beruf, dann musst du nie mehr arbeiten. Man könnte auch sagen: Finde einen Beruf, der dir wirklich Spaß macht, dann wirst du glücklich.

Inzwischen raten Psychologen[3] aber eher:[4] Finde einen Beruf, den du *kannst*. Denn der Erfolg im Beruf hängt viel mehr davon ab, welche Begabungen du hast, als davon, was dich interessiert oder dir Spaß macht.[5] Wer vor allem auf Spaß oder Interessen schaut, läuft Gefahr, den falschen Beruf zu wählen. Der Psychologe Aljoscha Neubauer sagt, viele Menschen hätten einen Beruf, der nicht optimal zu ihnen passt.[6] Interessen ändern sich, je nachdem, was Freunde oder Eltern mögen, was gerade Trend ist, häufig im Fernsehen läuft oder im Internet geklickt wird. Begabungen ändern sich nicht.[7] Nur etwa ein Drittel des beruflichen Erfolgs beruht auf Interessen, das meiste geht auf Begabungen zurück.[8]

Wer macht, was er mag, aber eigentlich nicht gut kann, hat seltener Erfolg und verbraucht viel Energie.[9] Erfolg – also dass die Arbeit gelingt – ist aber wichtig, um sich wohlzufühlen im Job.

Meistens glauben wir zwar, dass wir gut sind in dem, wofür wir uns interessieren. Oder andersherum: Dass wir uns für das interessieren, worin wir gut sind. Eine große Studie aus der Schweiz belegt aber, dass das wohl nicht so ist. Häufig stimmen Interessen und Fähigkeiten von Menschen nicht überein.[10] Psychologe Neubauer nennt ein Beispiel: Ein junger Mann interessiert sich für Autos, er will Kfz-Mechaniker werden. Aber er scheitert an zwei Ausbildungen. In einem Test kam heraus, dass der Mann kein gutes räumliches Vorstellungsvermögen hat. Er kann Gegenstände im Geiste nicht drehen, was als Techniker aber wichtig ist. Dafür konnte er gut mit Leuten umgehen. Er wurde dann Kfz-Kaufmann, das hat viel besser zu seinen Fähigkeiten gepasst – und sein Interesse an Autos war damit auch befriedigt.

Und Neubauer sagt außerdem: Mädchen würden sich seltener für technische Berufe interessieren, obwohl sie dafür begabt sein könnten. Würden wir einfach mehr unseren Fähigkeiten folgen, gäbe es vielleicht weniger Berufe, in denen hauptsächlich Frauen beziehungsweise Männer arbeiten (s. S. 106). Neubauer jedenfalls widerspricht dem Vorurteil, dass Mädchen eher sprachbegabt und Jungs eher mathematisch begabt seien. Sobald Mädchen zum Beispiel öfter Tetris spielen, gäbe es kaum noch einen Unterschied im räumlichen Wahrnehmungsvermögen.[11]

Das heißt für dich: Trau dich, dir auch Berufe anzuschauen, die von Angehörigen deines Geschlechts selten gewählt werden. Vielleicht passen deine Begabungen ja zu einem dieser Berufe?

Was aber sind nun besondere Fähigkeiten und Begabungen, die Einfluss auf deine Berufswahl haben sollten? Hier findest du die wichtigsten. Und wenn du die Fragen mit »Ja« beantwortest, bist du in diesem Bereich wahrscheinlich besonders begabt:

– Räumliches Vorstellungsvermögen: Kannst du einen Würfel oder ein Zimmer im Kopf drehen?
– Handwerkliches Geschick: Wenn du mit Holz baust, Kleidung nähst oder ein Fahrrad reparierst, gelingt dir das leicht und finden auch andere das Ergebnis gut?
– Künstlerische Begabung: Kannst du besser malen als die meisten anderen? »Fühlst« du Musik und kannst intuitiv den Takt finden oder sogar auf einem Instrument mitspielen? Kannst du dir Dinge gut vorstellen?
– Soziale Intelligenz: Findest du leicht Kontakt zu anderen? Vertrauen sich dir andere Menschen häufig an, bitten dich vielleicht um Hilfe oder Rat? Sind dir Gerechtigkeit und Harmonie ganz besonders wichtig?
– Geduld und Hartnäckigkeit: Tüftelst du bei einem Problem so lange, bis du die Lösung hast? Lässt du dich leicht verunsichern oder lässt Widerstand dich erst so richtig auf Hochtouren laufen?
– Technisches Verständnis: Reparierst du gern kaputte Geräte? Baust vielleicht sogar selber welche?
– Mathematische Fähigkeiten: Kannst du schnell im Kopf rechnen, dir Zahlen und Worte leicht merken oder rätselst gern?
– Sprachliches Talent: Liest du viel und denkst dir gern

Geschichten aus? Benutzt du gern ausgefallene Worte und verschachtelte Sätze? Wurmt es dich, wenn du in einem Buch oder Artikel einen Rechtschreibfehler findest?

- Sensomotorisches Geschick: Bist du in manchen Bewegungen (Balancieren, Klettern, Fallen) oder Sportarten (Skaten, Kampfsport, Basketball) besonders geschickt? Bastelst du gern mit kleinen Materialien, etwa Stickperlen oder winzigen elektrischen Komponenten, baust etwas so Filigranes wie Buddelschiffe oder Bonsailandschaften?

- Organisatorisches Talent: Ist dein Zimmer meist aufgeräumt? Planst du gern eure nächste Party oder eine Urlaubsreise? Spürst du sofort, wenn sich jemand verzettelt und zu viel vornimmt?

- Unterhaltung: Stehst du in der Klasse, auf einer Party oder bei deinen Freunden oft im Mittelpunkt? Genießt du es, wenn du andere zum Lachen bringst oder sie dir gebannt zuhören?

Auch deine Persönlichkeitsmerkmale prägen deine Fähigkeiten – und damit das, was du gut kannst. Psychologen unterscheiden meist zwischen folgenden Merkmalen:

- Emotionale Stabilität: Bist du meist gelassen und frei von Sorgen? Behältst du in Situationen wie Prüfungen oder einem Unfall, die andere schnell stressen, einen kühlen Kopf?

- Extraversion: Redest du gern, bist oft unter Menschen

und möchtest manchmal die ganze Welt umarmen? Das Gegenteil ist Introversion: Introvertierte Menschen sind eher zurückhaltend und vorsichtig. Sowohl Intro- als auch Extraversion hat ihre Vorteile. In der Schule und im Beruf werden aber extrovertierte Menschen eher wahrgenommen und ihre Arbeit wird schneller gewürdigt – weil sie stärker auf sich aufmerksam machen. Introvertierte können lernen, deutlich auf ihre Arbeit und Leistung hinzuweisen.[12])

– Offenheit für Erfahrungen: Probierst du gern Neues aus? Möchtest du auch nach der Schule noch so viel wie möglich lernen, eine neue Sprache, ein Instrument oder ein Handwerk – selbst wenn du es für deinen Beruf nicht brauchst? Reist du gern und entdeckst andere Städte, Länder und Menschen?

– Verträglichkeit: Denkst du oft eher daran, wie es anderen geht, als an dich selbst? Bietest du deine Hilfe an, sobald du das Gefühl hast, dass jemand sie braucht? Vertraust du Menschen schnell, auch wenn du sie noch nicht lange kennst?

– Gewissenhaftigkeit: Ist es dir wichtig, Aufgaben sehr genau zu erledigen, auch wenn sonst niemand danach schaut? Sind deine Schulhefte akkurat geführt? Legst du großen Wert darauf, dass andere sich auf dich verlassen können und dein Wort zählt? Möchtest du im Leben möglichst viel erreichen und dafür hart und diszipliniert arbeiten?

Sicher hast du jetzt schon einige Fragen mit »Ja« beantwortet und kannst spätestens jetzt einschätzen, in welchen Bereichen du begabt bist.

Falls du dir noch unsicher über deine Talente bist, können dir die Übungen aus diesem Kapitel (ab S. 80) helfen. Und hier sind weitere Möglichkeiten, deine Begabungen zu entdecken:

Dich selber fragen

Schreibe dir die Antworten auf die folgenden Fragen auf. Falls dir einfällt, auf welches Berufsfeld die Antwort hindeutet, notiere es dir gleich dazu.

– Wofür wurdest du schon öfter gelobt?
– In welchen Schulfächern bist du besonders gut?
– Bist du eher intro- oder extrovertiert? Bestimmte Berufe fallen introvertierten Menschen leichter (Wissenschaftler, Techniker, Bibliothekare) als extrovertierten und andersherum (Vertriebler, Führungskräfte).
– Welche scheinbar negativen Eigenschaften hast du, die dir im Beruf nützlich sein könnten? Menschen, die oft als unfreundlich gelten, sind zum Beispiel häufig durchsetzungsfähiger und erreichen ihre Ziele schneller.
– Wofür engagierst du dich?
– Wobei bitten dich andere um Hilfe oder Rat? Wobei würdest du anderen gern helfen (können), auch wenn sie dich bisher nicht gefragt haben?
– Was war bisher dein größter Erfolg? Was war dein glück-

lichster Moment? Worauf bist du stolz? (Schülerzeitung geleitet, Theater-AG gegründet, Kinderfreizeit mitgestaltet, Wettkämpfe gewonnen, eigene Gedichte auf einem Blog veröffentlicht)
- Was möchtest du noch lernen?
- Stell dir vor, du sitzt in einem Bewerbungsgespräch für deinen Traumjob (welcher das ist, daran musst du jetzt nicht denken) und der Personaler/die Meisterin/der Chef fragt dich: »Was sind deine Stärken?« Was sagst du?
- Welche Schwächen siehst du an dir? Sehen andere die auch? Willst du sie akzeptieren oder stören sie dich so, dass du etwas daran ändern möchtest? Wie kannst du sie ändern? Suche dir die wichtigsten Baustellen aus und entwickle einen Plan, wie du aus diesen Baustellen grandiose Bauwerke (oder wenigstens solide Häuschen) bauen kannst.

Was wollen spätere Arbeitgeberinnen oder Kunden von dir?

Auch wenn es in diesem Kapitel eigentlich darum geht, was *du* willst und kannst, passt auch diese Frage gut hier rein: Was erwarten künftige Chefs und Kolleginnen im Beruf (egal in welchem) von *dir*? Oft sind das Fähigkeiten, die junge Menschen noch nicht so gut beherrschen, weil ihr Gehirn noch in der Entwicklung ist, weil sie noch nicht so viel Übung und Erfahrung darin haben oder weil sie sie bisher noch nicht so oft unter Beweis stellen konnten: Zuverlässigkeit, Durchhaltevermögen, Konzentrationsfähigkeit, Pünktlichkeit, Höflichkeit, Kritikfähigkeit, ein gesunder Umgang mit Stress, die Fähigkeit und der Wille, Anweisungen sorgfältig umzusetzen, Geduld und Souveränität im Umgang mit Kunden und Kollegen. Spätestens bei der Bewerbung wird es aber auch um diese »Soft Skills« gehen. Überlege dir am besten jetzt schon, ob du die nötigen Fähigkeiten mitbringst, um deinen Wunschberuf auf Dauer auszuüben. Wenn nicht, wie kannst du die Fähigkeiten trainieren?

Andere fragen

Frage Eltern, Lehrer, Freundinnen oder andere Menschen, die dich gut kennen, wie sie dich einschätzen.

Oft schätzen wir falsch ein, was wir gut können. Zum Beispiel, weil wir etwas gut können *wollen*, etwa auf einer Bühne besonders witzig rüberkommen. Oder weil es sozial erwünscht ist, etwa besonders gut in Mathe zu sein, weil man ein Junge ist. Von dieser falschen Selbsteinschätzung leben übrigens Shows wie *DSDS* oder *Germany's Next Topmodel*, bei denen sich unzählige junge Erwachsene trotz mangelnder Begabung bewerben – und dann in der Show vorgeführt werden.

Die meisten Menschen sind überzeugt davon, mehr zu wissen und zu können, als sie tatsächlich wissen oder können. Sie überschätzen sich. Wirtschaftswissenschaftler bezeichnen das als Overconfidence-Effekt (Selbstüberschätzungseffekt).[13] Ein bekanntes Beispiel ist die Selbsteinschätzung von Autofahrern. Sie wurden gefragt: »Gehören Sie zu der Hälfte der Autofahrer, die besser fährt als die andere Hälfte?« Je nach Umfrage sagte stets die große Mehrheit – manchmal sogar alle Befragten –, dass sie besser fahren könne.[14] Eine klassische Selbstüberschätzung, denn natürlich kann es nicht sein, dass von 100 Menschen 90 besser fahren als die anderen 50. Die Rechnung geht nicht auf.

Vor allem junge Menschen[15] und Männer[16] überschätzen sich oft. Das ist besonders im Verkehr gefährlich, wenn jemand, der noch nicht so viel Fahrpraxis hat, glaubt, er könne sehr gut fahren – und entsprechend zu schnell und riskant fährt.

Die eigenen Fähigkeiten als besser einzuschätzen, als sie tatsächlich sind – das hat aber auch Vorteile. Wir fühlen uns einfach besser, wenn wir uns selbst überschätzen. In Konkurrenz mit anderen kann eine hohe Selbsteinschätzung dazu führen, dass sich die Mitbewerber eingeschüchtert fühlen und sich weniger anstrengen. Sodass du gewinnst.[17] Und wer im Bewerbungsgespräch von sich und seinen Fähigkeiten überzeugt ist – ob diese Überzeugung nun begründet ist oder nicht – bekommt eher einen Job.[18]

Wenn du dich allerdings zu sehr überschätzt hast, fliegt das am Arbeitsplatz schnell auf, weil du nicht schaffst, was von dir erwartet wird. Auch bei der Berufswahl ist eine möglichst realistische Selbsteinschätzung besser. Denn was hast du davon, wenn du glaubst, ein toller Tänzer zu sein, aber dich monatelang vergeblich für eine Ausbildung als Bühnentänzer bewirbst. Die Zeit könntest du nutzen, weiter zu trainieren und so gut zu werden, wie du es schon von dir glaubst.

Deswegen: Frag andere, wie sie dich einschätzen. Welche Eigenschaften gefallen ihnen besonders an dir? Was glauben sie, was du gut kannst? Wofür würden sie dich um Hilfe bitten? Schreibe die Antworten auf, sonst vergisst du sie zu leicht – vor allem dann, wenn du ihnen nicht sofort zustimmst.

Nimm dir dann einen Moment Zeit und schau dir die Antworten an. So ehrlich wie möglich. Welches Feedback kannst du für dich annehmen? Wem stimmst du zu? An welchen Eigenschaften und Fähigkeiten möchtest du arbeiten? Wenn deine Lehrer sagen, du solltest pünktlicher sein, oder deine Freunde sich wünschen, dass du ihnen geduldiger zuhörst, dann kannst du ihnen dankbar sein! Solche Rückmeldungen sind ungemein wertvoll, denn nun weißt du etwas, was dir bis dahin vielleicht gar nicht bewusst war. Und du kannst es verbessern (wenn du magst).

Nun überlege selber, was du gut kannst. Und dann bringe all diese Überlegungen zu einem möglichst positiven Bild von dir selbst zusammen.

Schau dir auch deine Schwächen genau an – steckt vielleicht eine Stärke darin, die du nutzen kannst? Welche Fehler hast du in deinem Leben bisher gemacht, an die du dich noch erinnerst? Was hast du daraus gelernt? Bringen dich diese Erfahrungen deiner Entscheidung für einen Beruf näher?

Eine vollständige und möglichst genaue Selbstwahrnehmung führt dazu, dass du selbstbewusster und selbstsicherer wirst. Dass du dich hinstellen und sagen kannst: Ja, ich stottere, wenn ich aufgeregt bin. Ich habe leichtes Überge-

wicht. Oder ich bin nicht gut in Mathe. Na und? Wer damit
ein Problem hat, kann es behalten. Dafür weißt du nämlich
auch, worin du gut bist und worin du sogar noch besser werden willst.

Ein starkes Selbstbewusstsein brauchst du, um über
dich hinauszuwachsen, hinein ins Erwachsenenleben und
in den passenden Beruf. Spätestens bei der Bewerbung für
einen Job geht es darum zu zeigen, was du kannst. Und worin du noch besser werden willst. Wer seine Stärken kennt,
kann sie auch besser auf andere Bereiche übertragen.

Und es macht dich selbst toleranter. Denn wem bewusst
ist, dass er auch negative Eigenschaften hat, der kann sich
bei anderen eigentlich nicht mehr so sehr über deren Fehler
aufregen, oder?

Viel ausprobieren

Je mehr du ausprobierst, desto mehr Anhaltspunkte findest du dafür, was du gut kannst. Übe es, eigene Entscheidungen zu treffen. Wenn du bisher eher mitgelaufen bist und getan hast, was andere von dir wollten, dann versuche öfter, auch mal gegen den Strom zu schwimmen. Deine Freundinnen wollen am Samstagabend ausgehen, du hast aber echt keine Lust? Dann halt nicht! Keiner will mit dir per Zug nach Thailand reisen? Dann mach es allein! Feuerwehr finden alle öde, du hast aber Lust auf Technik und Leben retten? Geh hin! (Freiwillige Feuerwehrleute werden übrigens fast überall gesucht.)

Und wahrscheinlich hat es dir schon der eine oder andere, der älter ist als du, gesagt: Nach dem Schulabschluss, ohne finanzielle Verpflichtungen, ohne monatliche Mietausgaben oder Raten fürs Haus, ohne eigene Familie, jung und ungebunden, hast du Freiheiten, die du wahrscheinlich nie wieder im Leben haben wirst. Wenn du noch nicht genau weißt, welchen Ausbildungsweg du weitergehen willst, dann erlaube dir, viel auszuprobieren. Beim Jobben, im FSJ, im Ehrenamt oder Praktikum lernst du viel über dich und deine Fähigkeiten. Und findest so vielleicht automatisch den Weg zu deinem Traumberuf (mehr dazu auf S. 128).

Meditation und Sport helfen übrigens, dich selbst genauer wahrzunehmen. Beim Joggen oder Radfahren wird der Kopf frei und du kannst deine Gedanken um wichtige Fragen kreisen lassen, während der Körper beschäftigt ist. Probier es einfach mal aus!

Schwächen vergessen

Ab sofort darfst du vergessen, dass du eine Fünf in Bio hast oder eine Vier in Mathe. Schau auf die Zwei in Musik oder gar die Eins in Hauswirtschaft oder Sozialkunde. Bei der Berufswahl geht es vor allem darum, was dir bisher gut gelungen ist. Was nicht so geklappt hat, ist egal. Mit einer Fünf in Musik wirst du eher nicht Dirigentin werden, aber das ist wahrscheinlich auch nicht dein Ziel. (Und wenn doch, dann heißt es jetzt: Üben, üben, Hilfe holen.) Bei der Berufswahl geht es darum, die eigenen Stärken zu erkennen. In der Ausbildung werden sie idealerweise ausgebaut, im Beruf dann genutzt. Schwächen hat jeder, die dürfen ignoriert werden, es sei denn, sie kommen dir auf dem Weg zum Traumberuf in die Quere.

Jeder Mensch hat Schwächen. Dich in diesen Punkten verbessern zu wollen ist zwar löblich, oft lohnt es sich aber eher, Energie, Zeit und Geld in den Ausbau deiner Stärken zu investieren. Besser, du bist in manchen Bereichen richtig gut als in allen mittelmäßig.

Dass Fähigkeiten für den Erfolg im Beruf mindestens genauso wichtig – wenn nicht gar wichtiger – sind als Interessen und Spaß, ist übrigens eine gute Nachricht! Die Arbeitswelt ist inzwischen so flexibel, dass man in den meisten Jobs die eigenen Interessen abdecken kann. Auch ein Automechaniker hilft Menschen, eine Lehrerin unterrichtet nicht nur, sondern unterhält und motiviert ihre Schüler. Ein Unternehmer kann auch kreativ arbeiten, ein freiberuflicher Künstler sich auch gelegentlich mit Buchhaltung beschäftigen. In vielen Berufen können sich Menschen ihre Jobs in gewissem Rahmen sogar selbst gestalten, »Job Crafting« nennt sich das. Etwa wenn ein Autolackierer, der gern Graffiti sprüht, anbietet, Fahrzeuge nicht nur einheitlich zu lackieren, sondern mit Bildern und Schriftzügen zu besprühen. Wenn eine Bäckerin nebenbei ihre Kreationen für Instagram in Szene setzt und eigene Rezepte online verkauft.

Auch wenn in deinem späteren Beruf nicht all deine Interessen oder Fähigkeiten in der Jobbeschreibung vorkommen, kann es also gut sein, dass du sie doch noch im Job einsetzen kannst. Halt einfach die Augen offen – und besprich deine Vorstellungen mit Vorgesetzten, normalerweise sind die dankbar für kreative und motivierte Mitarbeiter mit eigenen Ideen.

Deine ganz persönliche Wahl des passenden Berufs lässt sich also auf folgende Formel bringen:

Interessen + Fähigkeiten erkennen = erfolgreiche Berufswahl

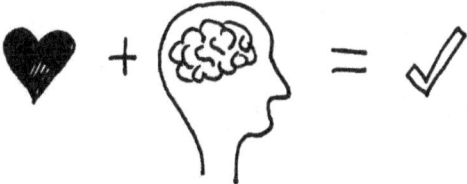

Dein Geschlecht

Idealerweise hast du dir jetzt schon einige Notizen gemacht und Blätter damit vollgeschrieben, was du gut kannst und was dir Spaß macht, hast deine Interessen und Fähigkeiten ausgelotet. Aber es gibt noch ein Kennzeichen, das jeden Menschen von Geburt an prägt – und selten entkommen wir all den Erwartungen, die damit verbunden sind: unserem Geschlecht.

Stell dir mal jemanden im Cockpit eines Flugzeugs vor. Bei der Betreuung kleiner Kinder. In einem Nagelstudio beim Lackieren von Nägeln. Oder in einer Werkstatt beim Lackieren von Autos.

Wahrscheinlich hast du dir im Flugzeug und in der Werkstatt einen Mann, im Nagelstudio und bei den kleinen Kindern eine Frau vorgestellt.

Den meisten Berufen ordnen wir automatisch ein Geschlecht zu.[19] Weil wir es so gelernt haben und weil die Realität nun einmal so aussieht. Das hat sich bisher auch durch Girls' und Boys' Days, durch Frauenförderung und Quotenregelung kaum verändert. Diese Wahrnehmung beeinflusst dich natürlich bei deiner Berufswahl. Mädchen entscheiden sich eher für den Friseurinnenberuf, Jungen eher für den Kfz-Mechaniker. Das ist überhaupt nicht verkehrt. Es scheint nun einmal so zu sein, dass sich Mädchen eher für Tätigkeiten mit Menschen und Jungs eher für technische Arbeiten interessieren. Es darf aber auch anders sein. Du bist ein Mädchen oder eine Frau und schaust bei jeder Baustelle fasziniert den schweren Maschinen zu? Du bist ein Junge oder ein Mann und hütest gern die Kinder deiner Nachbarn? Das ist super! Folge deiner Neugier!

Doch leider musst du auch heute noch bedenken: Frauen in typischen Männerberufen und Männer in typischen Frauenberufen müssen immer noch mit besonderen Schwierigkeiten, mit Diskriminierung, Hohn oder gar Übergriffen rechnen. Wenn du einen Beruf wählst, der für dein Geschlecht eher unüblich ist, musst du dich vielleicht mehr durchbeißen, fühlst dich eher allein (das gilt leider auch, wenn du einen Migrationshintergrund hast). Drei Viertel der Frauen und die Hälfte der Männer entscheiden sich für einen von nur 20 dualen Ausbildungsberufen. Mädchen wählen gern die Ausbildung zur Kauffrau für Büromanagement, zur medizinischen Fachangestellten oder zur Kauffrau im Einzelhandel. Jungen wählen den Weg zum Kraftfahrzeugmechatroniker, Industriemechaniker und Elektroniker.[20] Unter Studierenden sieht es ähnlich aus: Bei Studentinnen standen – nach BWL – Rechtswissenschaften, Psychologie und Allgemeinmedizin an der Spitze. Bei Studenten waren es – nach BWL – Maschinenbau, Informatik und Elektrotechnik.[21]

Bei der Berufswahl kannst du dir also auch diese Fragen stellen:

- Wie viel haben deine Berufswünsche mit deinem Geschlecht zu tun (dem biologischen oder dem zugeschriebenen)?
- Traust du dich vielleicht nur deshalb nicht, einen Beruf anzustreben, weil er angeblich nicht zu deinem Geschlecht passt?
- Traust du dir bestimmte Tätigkeiten vielleicht nicht zu, weil du eine Frau bist oder ein Mann? Klar, Männer sind in der Regel körperlich stärker, ein Job auf dem Bau oder in der Müllabfuhr ist deswegen für die meisten Frauen auf Dauer zu anstrengend. Was ihre Intelligenz und Fähigkeiten betrifft, scheinen sich Frauen und Männer aber gar nicht so sehr zu unterscheiden, wie bisher angenommen.

Bei Frauen sind angeblich beide Hirnhälften (die Hemisphären) im Durchschnitt stärker miteinander verknüpft als bei Männern. Bei Männern wiederum sind angeblich die Bereiche innerhalb der Hemisphären enger miteinander verknüpft. Doch die Unterschiede sind gar nicht so groß, wie manche – auch Forscher – das gern glauben wollen. Oder aber sie wurden in anderen Untersuchungen gar nicht gefunden. Oft werden auch viel zu wenig Probanden untersucht, um wirklich eine Aussage treffen zu können.[22]

Und auch wenn sich die Gehirne von Männern und Frauen unterscheiden, bedeutet das nicht, dass jede Frau und jeder Mann ein jeweils typisches Gehirn haben muss. Das bedeutet nur, dass die Gehirne der *meisten* Frauen und der *meisten* Männer jeweils bestimmte Merkmale aufweisen. Ausnahmen gibt es immer. Außerdem beeinflussen Erfahrungen und Erbgut die Struktur des Gehirns. Angeblich typisch männliche (etwa räumliches Vorstellungsvermögen) oder typisch weibliche Eigenschaften (zum Beispiel Mitgefühl) lassen sich trainieren.

Auch deine Vorstellung von deiner eigenen Zukunft hängt wahrscheinlich davon ab, welches Geschlecht du hast: Etwa zwei Drittel der Mädchen und Frauen möchten später weniger arbeiten und sich mehr um die Familie kümmern, wenn sie ein kleines Kind zu Hause haben sollten. Etwa zwei Drittel der befragten Jungen und Männer wünschen sich auch genau das von ihrer Partnerin. Aber ganz allein lassen wollen viele Männer ihre Partnerin trotzdem nicht, nur rund 40 Prozent sagen, sie würden auch mit einem kleinen Kind weiter Vollzeit arbeiten gehen wollen.[23]

Gerade als junge Frau solltest du dir daher überlegen: Willst du später Kinder haben? Beeinflusst dich der Kinderwunsch bei deiner Berufswahl? Lass dich vom Kinderwunsch nicht einschränken. Du musst nicht monate- oder gar jahrelang im Job pausieren – wenn du es aber willst, ist es in fast allen Berufen möglich, dank Elterngeld und Elternzeit.[24] Ob du als Frau Kinder und Karriere gut kombinieren kannst, hängt auch stark von deinem Partner ab, wie sehr er (oder sie) Aufgaben in der Familie übernimmt und dich deinen Job machen lässt. Orientiere dich bei deiner Berufswahl also nicht zu sehr an einem Kinderwunsch. Mach, was dir liegt und Spaß macht. Alles andere ergibt sich.

?FRAGEN **2**

Einige Fragen, deren Antworten dir bei der Berufswahl helfen können, findest du schon in den vorigen Kapiteln.

Hier sind noch ein paar mehr. Beantworte die Fragen für dich und so ehrlich wie möglich. Es gibt keine falschen Antworten. Es ist völlig okay, einen Beruf zu suchen, in dem du bewundert wirst, Spaß hast und viel Geld verdienst. Bei welchen Wünschen du vielleicht Abstriche machen musst, schauen wir später (s. S. 178).

Über dich selbst
– Bei welchen Tätigkeiten kommst du in den »Flow«, vergisst also Raum und Zeit?
– Wann fühlst du dich ganz »bei dir«?
– Was motiviert dich? Was brauchst du, um richtig Lust auf eine Aufgabe zu bekommen?
– Was würdest du am liebsten machen, wenn drei freie Monate vor dir lägen?
– Was kommt dir in den Sinn, wenn du nur so vor dich hin träumst?
– Wann schlägt dein Herz schneller, sobald du daran denkst? Was *fasziniert* dich?

- Wenn du *alles* könntest, wenn Geld, Bildung, Mut, dein Geschlecht, deine Herkunft, deine Eltern, Freunde, dein Wohnort keinen Einfluss hätten, was würdest du dann tun? Und was käme dem in der Realität am nächsten?
- Wovor hast du Angst? Willst du diese Angst für deinen Beruf überwinden? Oder soll es lieber ein Beruf sein, in dem du mit dieser Angst nicht umgehen musst?
- Welche Bücher liest du gern, welche Filme schaust du gern?
- Was macht dich wütend? Traurig? Was macht dir Angst? Willst du daran etwas ändern oder ist es okay so? Was willst du ändern?
- Fühlst du dich eigentlich schon bereit für die Berufswelt? Für eine Ausbildung in einem Betrieb oder für die Uni? Oder möchtest du vorher etwas völlig anderes machen – Reisen, Jobben, Praktika?
- Welche Werte sind dir besonders wichtig – etwa Gerechtigkeit, Ansehen, Spaß, Wohlstand, Wissen?
- Wovon erzählst du besonders gern? Worüber diskutierst du gern?
- Macht es dir Spaß, immer wieder herausgefordert zu werden, Leistung bringen zu müssen?
- Warum willst du einen bestimmten Beruf erlernen? Kannst du dort einen Großteil deiner Fähig-

keiten einbringen? Oder klingt der Job nur cool und dein bester Kumpel macht das ja auch?

Über deine Arbeit
- Wie risikobereit bist du? Könntest du dir vorstellen, ein Start-up zu gründen oder dich selbstständig zu machen? Oder möchtest du lieber eine Festanstellung?
- Wie arbeitest du am liebsten? Allein für dich? Im Team? Mal so, mal so?
- Was möchtest du täglich anfassen? Menschen oder Metall? Tastatur oder Textilien? Leder oder Lebensmittel? Gar nichts?
- In welcher Umgebung bist du am liebsten? Hochglanzbüro? Natur? Egal, Hauptsache es sind Menschen um dich rum?
- Wann bist du am leistungsfähigsten? Eher morgens direkt nach dem Aufstehen? Eher abends, wenn die meisten anderen im Bett liegen und du nichts verpasst, wenn du jetzt arbeitest?

Über andere
- Wen bewunderst du? Und warum? Wer ist dein Vorbild? Was beeindruckt dich an ihm oder ihr und warum? Dass jemand reich ist oder besonders schön?
- Wer hat dich bisher positiv beeinflusst? Welche Eigenschaften möchtest du von anderen gern

übernehmen? Wie haben sie erreicht, was du bewunderst? Was würde dein Vorbild in deiner Situation tun? Du kannst ruhig mehrere Vorbilder haben, lebende und verstorbene, enge Freundinnen oder auch ferne Politiker/Stars/Wissenschaftlerinnen. Es kann sich lohnen, Biografien zu lesen von Menschen, die erreicht haben, was du erreichen möchtest. Achte genau darauf, wie sie zum Ziel gelangt sind, und notiere dir, was du davon wie umsetzen könntest.

- Welche Menschen haben dich geprägt? Welche Werte sind in deiner Familie besonders wichtig? Was willst du anders machen als deine Eltern? Was hat dich zu Hause schon immer gestört?
- Gibt es etwas, was du glaubst, tun zu müssen? Wegen deiner Noten oder weil deine Eltern es wollen?
- Mit welcher Art Mensch hast du am liebsten zu tun? Überflieger? Möglichst Entspannte? Kinder? Alte?

Über deine Wünsche
- Wie wärst du gern?
- Was hemmt dich im Moment? Gibt es Menschen, eine Sucht, eine Angewohnheit, Ängste, die du gern loswerden würdest?
- Was kannst du tun, um dich in deinem Körper, deinem Leben, deinem Umfeld wohler zu fühlen?

– Was glaubst du, was du in 20 Jahren deinem heutigen Ich sagen willst? Frag deine Eltern oder andere Menschen, was sie ihrem jüngeren Ich sagen würden.

Über deine Vergangenheit
– Woher kommst du? Aus welcher Familie, aus welcher Ecke der Welt?
– Welche ganz persönlichen Erlebnisse haben dich geformt?
– Welche Berufe hatten deine Eltern, Großeltern, Urgroßeltern? Gibt es da ein Muster, eine Veranlagung, die du vielleicht geerbt hast?
– Was wolltest du als Kind werden? Was sagen diese frühen Berufswünsche über dich aus? Krankenpfleger? Vielleicht ist auch jetzt ein sozialer Beruf noch was für dich. Superstar? Vielleicht ging es nicht nur darum, reich und berühmt sein zu wollen, sondern auch darum, im Mittelpunkt zu stehen, andere zu begeistern, zu unterhalten, zu motivieren, wie es Lehrerinnen oder Verkäufer tun?

Über deine Zukunft
– Was soll später mal auf deiner Visitenkarte/deinem Instagramprofil/deiner Webseite stehen? CEO? Schreinermeisterin? Berater? Mensch?
– Worauf willst du einmal stolz sein?
– Welcher Lebensstil gefällt dir?

- Wie stellst du dir einen typischen Tag in deinem Job vor?
- Würdest du für deinen Beruf von zu Hause wegziehen? Willst du später deinen Wohnort frei wählen können?
- Möchtest du selbst entscheiden, wann, wo und wie du arbeitest? Oder brauchst du genaue Vorgaben, wie du deine Arbeit erledigen sollst? Wenn du freies Arbeiten magst – dann such dir so einen Job! Wenn nicht – dann tu es nicht! Zeitmanagement und Selbstorganisation kannst du lernen.
- Möchtest du im Job etwas Sinnvolles tun? Wenn ja, was ist für dich sinnvoll?
- Was willst du für diese Gesellschaft, die Menschen um dich herum, für dieses Land und diese Welt tun? Willst du überhaupt etwas für andere tun? Oder nur für dich selbst (was auch okay ist)?
- Wenn du daran denkst, dass du einmal sterben musst, was möchtest du dann der Welt und eventuell deinen Nachkommen hinterlassen? Welchen Nutzen soll dein Leben haben? Und wem soll es nützen, was du tust?
- Wenn du in 40 Jahren auf diese Zeit zurückblickst – was wird dir dann wahrscheinlich gar nicht mehr so wichtig erscheinen? Welche Sorgen werden, aus der Ferne betrachtet, plötzlich ganz klein?

AUS EIGENER ERFAHRUNG

CHRISTIANA IJEZIE, 28
RECHTSREFERENDARIN

Als ich von Nigeria nach Deutschland kam, war ich sieben Jahre alt, und in Deutschland lag Schnee. Ich habe meine Mutter gefragt, ob die Bäume alle krank seien, sie waren so kahl. In diesem Winter kam ich in einem Dorf in Rheinland-Pfalz in die erste Klasse. Am ersten Tag haben mich die Kinder ausgelacht, weil ich noch meine Hausschuhe anhatte. Dass ich dunklere Haut habe als die anderen, hat die meisten nicht interessiert. Ein älterer Junge hänselte mich einige Male an der Bushaltestelle und sagte: »Du bist schwarz wie die Nacht.« Ein anderer Junge kam dazu und meinte: »Was hast du für ein Problem, die Nacht ist doch wunderschön.« Das hat mir Kraft gegeben, zu wissen, dass andere mir helfen, wenn mir jemand mit rassistischen Sprüchen kommt. Auch meine Lehrer haben mich immer unterstützt und darauf geachtet, dass ich alles verstehe. Mein deutscher Stiefvater hat mir bei den Hausaufgaben geholfen und darauf bestanden, dass wir zu Hause Deutsch sprechen. Anfangs habe ich noch Lehrstoff vorgearbeitet, um trotz der Sprachschwierigkeiten im Unterricht mitzukommen. Ich war immer gut in der Schule. Aber ich hatte auch immer die Warnung meiner Mutter im Hinterkopf: »Du kommst nicht von hier und siehst anders aus. Wenn die anderen 100 Prozent geben, musst du 150 Prozent geben.«

Schon als kleines Kind in Nigeria wollte ich Anwältin werden. Dort wuchs man damals in einigen Regionen mit der Gewalt zwischen unterschiedlichen Volksgruppen und mit Korruption auf. Ich wollte mich für Menschen einsetzen, die arm sind und Hilfe brauchen. Als ich mit der Schule fertig war, fand ich aber auch das Lehramt spannend. Weil ich mich zwischen Jura und Lehramt nicht entscheiden konnte, habe ich erst einmal ein FSJ an meiner Schule gemacht. Vormittags habe ich eine blinde Schülerin im Unterricht begleitet und nachmittags die Lehrer in ihren AGs und bei der Hausaufgabenbetreuung unterstützt. Einige Lehrer sagten, ich solle doch auf Lehramt studieren. Aber mein Wunsch, Jura zu studieren, war dann doch stärker. Ich dachte mir, ich fange Jura einfach mal an, falls es zu schwer ist, kann ich ja immer noch wechseln. Lehramt war also mein Plan B. Bei Jura bin ich geblieben, auch wenn ich einige Male Zweifel hatte. Ich habe in Deutschland und in Frankreich studiert, inzwischen bin ich im Referendariat. Mittlerweile bin ich optimistisch, dass meine Hautfarbe keine negativen Auswirkungen auf meine Karriere haben wird. Die Generation meiner Eltern denkt oft immer noch, dass man sich als Person mit Migrationshintergrund oder auch als Frau mehr anstrengen muss als andere, um die gleiche Anerkennung zu bekommen. Ich finde aber, dass sich da in den letzten Jahren einiges geändert hat. Trotzdem muss in Zukunft noch viel mehr passieren. Jetzt wird ja viel darüber gesprochen, Führungspositionen auch häufiger mit qualifizierten Frauen zu besetzen, und auch people of colour bekommen heute mehr Chancen. Ich hoffe, unsere Gesellschaft bewegt sich jetzt weiter in diese Richtung.

Um dahin zu kommen, wo ich heute bin, musste ich als Afro-Deutsche meiner Ansicht nach aber insgesamt schon mehr leisten als meine deutschen Kommilitonen, die aus Akademikerfamilien kommen. Ein Studium ist immer eine größere Herausforderung, wenn in der Familie vorher noch niemand studiert hat. Deine Familie versteht nicht so richtig, was du da machst, sie können deine Probleme und Ängste nicht nachvollziehen. Das hat aber manchmal auch Vorteile – wenn du nach Hause kommst, fragt dich niemand so genau über deine Leistungen im Studium aus, alle vertrauen dir einfach, dass du es schaffst. Aber natürlich kann dir deine Familie keine Kontakte vermitteln, die im Studium oder Beruf nützlich sein können, wie das bei Akademikerkindern manchmal der Fall ist. Mir war das aber nie wichtig, ich wollte mein Ziel immer durch eigene Arbeit erreichen. Anfangs habe ich zwar noch BAföG bekommen, aber auch viel neben dem Studium gearbeitet und mir so meinen Lebensunterhalt größtenteils selbst finanziert. Und wenn ich mich für ein

Praktikum oder einen Job interessiert habe, habe ich mich einfach beworben.

Trotzdem hatte ich in der Vergangenheit immer das im Kopf, was meine Mutter mir mit auf den Weg gegeben hat: Dass ich mehr leisten muss als andere. Ich hoffe, dass sich das in Zukunft ändert! Bis dahin rate ich jeder, die aus einer ähnlichen Situation kommt: Halte durch, arbeite hart und lass dich nicht verunsichern. Auch nicht von deiner Familie. Die schaut zwar sehr genau auf dich, wenn du die Erste bist, die studiert. Aber es ist dein Leben und deine Entscheidung, was du daraus machst. Was du im Studium leisten musst, versteht deine Familie wahrscheinlich nicht immer. Deswegen ist es wichtig, dass du dir im Studium Weggefährten suchst. Gerade ein Jurastudium kann ganz schön einsam sein, wenn jeder nur für sich in der Bibliothek hockt und lernt. In Lerngruppen motiviert ihr euch gegenseitig und du hast auch immer jemanden, der deine Situation kennt. So bist du weniger allein.

Woher du Infos bekommst

Vielleicht hast du nun schon ein paar Berufe in die engere Auswahl genommen.

Was weißt du über diese Berufe?

Wenn du gern und gut kochst, solltest du dann Köchin werden?

Das scheint logisch. Doch Koch werden bedeutet auch: In der Gastronomie mit oft strengen Hierarchien zu arbeiten, meist wenig zu verdienen, abends und am Wochenende zu arbeiten, stundenlang in einer heißen Küche zu stehen. Willst du das?

Wenn du gern mit Kindern spielst, solltest du dann Erzieher werden? Das bedeutet auch: Im Kindergarten für mehrere Kinder gleichzeitig zuständig sein, jeden Tag Lärm um dich herum aushalten, häufig kleine Kinder tragen, bisweilen das Gefühl haben, nicht jedem Kind gerecht werden zu können.

Weißt du, was du in deinem Wunschberuf verdienen kannst, welche Karrierechancen du hättest?

Weißt du, welchen Ausbildungsabschluss du brauchst? Was erwarten mögliche Arbeitgeber von dir, abgesehen von einer abgeschlossenen Ausbildung?

Wie viele Schulabgänger bewerben sich auf diese Ausbildungsplätze, wie ist der Bedarf der Unternehmen?

Und welche Berufe gibt es, die deinen Wunschberufen ähnlich sind?

Du merkst: Es ist wichtig, dass du alle Informationen über einen Beruf zusammenträgst, die du bekommen kannst.

Selbst wenn du schon ganz sicher weißt, welcher Beruf der richtige für dich ist, ist es sinnvoll, dir ein oder zwei Alternativen zu überlegen. Vielleicht passt ja ein anderer Beruf noch besser zu dir? Vielleicht klappt es aber auch nicht gleich mit deinem Traumberuf und du schaust dich noch weiter um.

Auf jeden Fall lohnt es sich, wenn du dich weiter informierst. Vor allem dann, wenn du bisher nur unter den Berufen ausgewählt hast, die dir spontan eingefallen sind. Denn natürlich orientierst du dich erst einmal an den Berufen, die du kennst. Abgesehen von dem, was Eltern und Verwandte arbeiten, sind die Berufe, mit denen wir im Alltag zu tun haben, überschaubar: Lehrer natürlich, Einzelhandelskaufleute, Ärztinnen, Erzieher, Müllmänner, Feuerwehrleute, Polizistinnen, Schauspieler.

Die meisten Menschen aber arbeiten dort, wo sie nicht von jedem gesehen werden, sozusagen hinter den Kulissen. Hast du zum Beispiel schon mal von »Geruchsingenieuren«[1] oder »Präparationstechnischen Assistenten«[2] gehört? Nein? Dann kannst du dich darüber auch kaum informieren, selbst wenn das vielleicht der perfekte Job für dich wäre.

Um eine gute Entscheidung zu treffen, brauchst du also möglichst viele Informationen über deine Möglichkeiten und die Optionen, die es sonst noch gibt. Wenn du deine Berufsfindung ernst nimmst, wird das wahrscheinlich deine erste wirklich wichtige Recherche.

Wie und wo du mehr über deinen Wunschberuf, über interessante Studiengänge oder Berufsausbildungen erfährst, liest du in diesem Kapitel.

Ämter, Kammern & Co.
Staatliche Einrichtungen

Ämter

Informationen zu allen staatlich anerkannten Berufen gibt es bei der Bundesagentur für Arbeit und dem dazugehörigen Berufsinformationszentrum (BiZ). Hier kannst du auch einen Termin mit einem Berufsberater vereinbaren (unter der kostenfreien Telefonnummer 0800 / 4 5555 00 oder auf www.arbeitsagentur.de/bildung/berufsberatung). Die Berufsberatung hilft dir, wenn du noch gar nicht weißt, was du werden willst, aber auch, wenn du wissen willst, ob dein Wunschberuf zu dir passt. Bevor du zur Berufsberatung gehst, solltest du dir alle deine Fragen aufschreiben, damit du sie in der Beratung auch parat hast.

Außerdem bietet die Arbeitsagentur Bewerbungstrainings[3] und eine Jobbörse an.

Auch das Jugend- oder Sozialamt kann weiterhelfen, wenn du zum Beispiel keinen Schulabschluss hast, keinen Ausbildungsplatz findest oder nicht weißt, wie du eine Ausbildung finanzieren sollst (denn das Ausbildungsgehalt reicht oft kaum zum Leben).

Ministerien

Aktuelle Informationen zur deutschen Bildungspolitik – etwa über neue Bildungsgesetze, die ja auch dich betreffen – gibt es beim Bundesministerium für Bildung und Forschung (bmbf.de). Für deine Berufswahl spannender ist aber die Seite des Bundesinstituts für Berufsbildung (bibb.de), das dem BMBF untersteht. Hier findest du (unter »Die Themen«) verschiedene Infos zur Berufswahl und zum Berufseinstieg, etwa eine »Berufesuche«, bei der du nach Ausbildungsdauer und Berufsfeldern filtern und dir auch gleich den Lehrplan der Ausbildung anzeigen lassen kannst.[4]

Das Bundesministerium für Wirtschaft und Energie ist zuständig für die Ordnung der Ausbildungen. Wenn du also in deiner Ausbildung das Gefühl hast, dass du nicht das lernst, was du für den Beruf und die Prüfung brauchst, kannst du dich auf der Seite des Ministeriums (bmwi.de Service Gesetze und Verordnungen) informieren.[5] Am besten liest du schon *vor* einer Ausbildung einmal die Ausbildungsordnung. So weißt du, was dich erwartet – und was du erwarten kannst. Wenn du in der Ausbildung merkst, dass sich dein Betrieb nicht an die Ausbildungsordnung hält, solltest du mit deinem Chef sprechen. Wenn das nichts bringt, kannst du dich an den Betriebsrat, die Ausbildungsvertretung, deine Ausbildungsberaterin bei der zuständigen Kammer oder die zuständige Gewerkschaft wenden.

Auf der Seite des Bundesministeriums für Arbeit und Soziales (bmas.de) kannst du dich unter »Themen« zum Beispiel über Förderungsmöglichkeiten für die Ausbildung, Unterstützung für Menschen mit Behinderung oder deine Rechte im Job und bei der Ausbildung informieren.

Veranstaltungen

Berufs- und Jobmessen

Auf einer Berufs- oder Studienmesse[6] stellen sich verschiedene Ausbildungsbetriebe oder Studiengänge vor. Azubis und Studierende sind dort, um deine Fragen zu beantworten. Überlege dir am besten vorher, welche Berufe und Themen dich interessieren und welche Fragen dir nur jemand vom Fach beantworten kann. Ohne diese Vorbereitung gehst du im Trubel der Messe schnell unter und hast hinterher mehr Kugelschreiber und Gummibärchen eingesteckt als hilfreiche Infos.

Auf Berufsmessen kannst du manchmal direkt deine Bewerbungsmappe abgeben. Auch wenn heute Bewerbungen immer öfter online verschickt werden, kann es also nicht schaden, ein oder zwei Mappen dabeizuhaben. Einige potenzielle Arbeitgeber bieten auch an, die Bewerbung auf der Messe hochzuladen. Du solltest deine Unterlagen also zusätzlich noch auf einem USB-Stick mitbringen. Oft werden auch Bewerbungsmappen-Checks angeboten, sodass du dir Tipps holen kannst, wie sich deine Mappe noch verbessern lässt.

Auf so eine Messe gehst du am besten so, wie du zu einem Bewerbungsgespräch gehen würdest. Hier geht es auch darum, bei möglichen Arbeitgebern einen guten Eindruck zu machen. Der Vorteil dabei: Es *ist* kein Bewerbungsgespräch. Du kannst alle Fragen stellen, die du hast. Und du übst dich gleichzeitig darin, selbstbewusst aufzutreten, dich vorzustellen und über deine Fähigkeiten und Vorstellungen zu sprechen. Das stärkt das Selbstbewusstsein. Vielleicht bist du nervös. Dann probier es erst einmal bei Ständen und Berufen, die dich nicht so interessieren, bevor du dich dem Stand deiner Wunschausbildung näherst.

Du kannst auch zu Fachmessen gehen – etwa auf eine Hochzeitsmesse, wenn dich Eventplanung interessiert, auf die Gamescom, wenn du Spieleentwicklung spannend findest, oder auf die Frankfurter Buchmesse, wenn du schon immer Autorin werden wolltest. Informiere dich vorher, wann die Messe für Publikumsbesuch geöffnet ist.

Tag der offenen Tür

Große (und kleine) Unternehmen öffnen manchmal ihre Tore zum »Tag der offenen Tür« (such einfach diesen Begriff plus den Namen des Unternehmens im Internet, um Termine zu finden). Das sind zwar meist Veranstaltungen, um *alle* Menschen über das Unternehmen zu informieren, manchmal gibt es aber Infostände speziell für Schulabgänger. Oder du lernst so immerhin ein wenig das Unternehmen kennen und triffst vielleicht Mitarbeiter, die dir später noch mehr über die Arbeit erzählen können – abseits vom Hochglanz-Auftritt dieses Tages.

Auf einer Ausbildungsplatzbörse oder beim Arbeitsamt geht es zuerst darum, Jobs zu besetzen und künftige Arbeitskräfte zu sichern. Was am besten für *dich* ist, kommt oft erst an zweiter Stelle. Verlass dich also nicht nur auf die Berufsberatung oder die Leute am Infostand auf der Jobmesse.

Kammern und Berufsverbände

Die meisten Berufe sind in Kammern oder Berufsverbänden organisiert, die ihre Mitglieder bei Rechtsstreitigkeiten und dem Austausch von Wissen und Meinungen unterstützen. Nach außen hin vertreten sie den jeweiligen Beruf und betreiben Öffentlichkeits- und Lobbyarbeit. Die Mitgliedschaft in einem Berufsverband ist meist nicht verpflichtend. Manche Berufsgruppen, etwa Handwerker oder Rechtsanwälte, *müssen* dagegen ihrer jeweiligen »berufsständischen Vereinigung« – der Kammer – beitreten.

Bei Kammern und Verbänden kannst du dich über die jeweiligen Berufe und Ausbildungswege, über Anforderungen und den Bedarf an Nachwuchskräften beraten lassen. Such dir im Internet einfach die Seite der jeweiligen Kammer oder des Verbandes raus, meist findest du dann einen

Unterpunkt zum Thema »Ausbildung« oder »Bildung«. Normalerweise führen die Kammern auch die entsprechenden Prüfungen am Ende einer Ausbildung durch und unterstützen bei der Prüfungsvorbereitung.

Kaufmännische Berufe sind in der Industrie- und Handelskammer (IHK), Berufe in der Land- und Forstwirtschaft in der Landwirtschaftskammer und Handwerksberufe in der Handwerkskammer organisiert. Infos zu Handwerksberufen bekommst du aber auch beim Zentralverband des Deutschen Handwerks. Zu den sogenannten Freien Berufen gehören Ärzte, Apotheker, Anwälte, Steuerberater und Wirtschaftsprüfer, Ingenieure, Architekten und viele andere medizinische, technische und künstlerische Berufe. Für sie gibt es die entsprechenden Bundeskammern (Bundesärztekammer, Bundesrechtsanwaltskammer, Bundesnotarkammer, Bundeslotsenkammer).[7] Manche Berufe haben keine Kammerpflicht, dazu gehören u. a. Journalisten, Künstler, Dozenten und Unternehmensberater.[8]

Gewerkschaften

In Gewerkschaften organisieren sich die Arbeit*nehmer* einer Branche, um ihre Interessen gegenüber ihren Arbeit*gebern* durchzusetzen. Gewerkschaften setzen sich zum Beispiel für höhere Löhne und bessere Arbeitsbedingungen ein. Um ihren Forderungen Nachdruck zu verleihen, dürfen Gewerkschaften zum Streik aufrufen. Die streikenden Mitglieder bekommen dann von ihrer Gewerkschaft vorübergehend eine Art Lohn, das sogenannte Streikgeld.

Auch Gewerkschaften beraten über Berufe und Ausbildungswege. Hier kannst du auch Empfehlungen bekommen, welche Betriebe besonders fürsorglich mit Azubis umgehen und wie du darauf achtest, dass deine Rechte als Auszubildende eingehalten werden. Sobald du eine Ausbildung oder ein Studium beginnst, kannst du einer Gewerkschaft beitreten (der Mitgliedsbeitrag für Azubis ist sehr niedrig), so wirst du kostenlos unterstützt und beraten, falls du deine Rechte einmal vor Gericht durchsetzen musst.

Je nach Beruf sind unterschiedliche Gewerkschaften zuständig. Eine Liste der acht Gewerkschaften im Deutschen Gewerkschaftsbund findest du hier: dgb.de/uber-uns/dgbheute/gewerkschaften-im-dgb.

Viele weitere Gewerkschaften listet Wikipedia auf: de.wikipedia.org/wiki/Liste_von_Gewerkschaften_in_Deutschland.

Übrigens: Gewerkschaften beraten und unterstützen dich auch schon im Praktikum.[9] Worauf du bei einem Praktikum achten solltest und was du sonst noch machen kannst, um dich ganz praktisch über eine Ausbildung oder ein Studium zu informieren, erfährst du im nächsten Kapitel.

Jobs, Ehrenamt und Praktika

Du hast nun vielleicht schon ausführlich über dich selbst nachgedacht, Freunde und Familie befragt, Berufs- und Studienbeschreibungen gelesen. Aber natürlich geht nichts übers Ausprobieren. Auch wenn du überzeugt bist, dass ein Beruf perfekt zu dir passt, weil die Berufsbeschreibung so spannend klingt und dir Leute, die so arbeiten, schon davon erzählt haben – probier ihn aus. Das Gleiche gilt für Studiengänge. Ausprobieren kann dir die Sicherheit vermitteln, dass dein gewählter Beruf wirklich zu dir passt. Es hilft dir aber auch, wenn du dich noch nicht so recht zwischen verschiedenen Berufen entscheiden kannst. Und es verschafft dir automatisch (Arbeits-)Erfahrung. Das hilft bei einer späteren Bewerbung (s. S. 206) – und im späteren Leben.

Probestudium/Schnupperstudium/Orientierungs-studium/Studium generale/Vorsemester

Es gibt viele Namen für die Möglichkeit, ein Studium auszuprobieren. Ein Studium generale (verschiedene Vorlesungen zu unterschiedlichsten Themen, auch ohne Schulabschluss möglich) gibt es an fast jeder Universität. Alle anderen Möglichkeiten, dir einen konkreten Studiengang einmal anzuschauen, erfragst du am besten direkt an der Hochschule. Auch die Bedingungen und Voraussetzungen unterscheiden sich von Uni zu Uni. Bei einem Schnupper-/Orientierungs-/Probestudium bekommst du die Möglichkeit, verschiedene Studiengänge auszuprobieren, und kannst manchmal sogar schon sogenannte Studienleistungen (etwa Klausuren oder schriftliche Arbeiten) erbringen, die du dir auf ein späteres Studium anrechnen lassen kannst.

Informiere dich also am besten direkt bei der Universität oder Fachhochschule, die dich interessiert, über die Möglichkeiten, probeweise zu studieren. Wenn du keine Hochschulzugangsberechtigung (also Abitur oder Ähnliches) hast, kannst du mit einem erfolgreichen Probestudium an manchen Unis die Eingangsprüfung ersetzen und anschließend zu dem entsprechenden Studiengang zugelassen werden[10] (s. S. 22).

Ob dir ein Thema liegt und du dich wirklich über eine längere Zeit intensiv damit beschäftigen willst, kannst du auch in (oft kostenlosen) Online-Vorlesungen herausfinden, die von vielen Universitäten angeboten werden.[11] Eine Auswahl an Anbietern von Online-Vorlesungen findest du auf bildungsserver.de/Kursplattformen-MOOCS--11030-de.html.

Wenn dein Englisch gut genug ist, kannst du auch Online-Vorlesungen von renommierten US-Unis ansehen, etwa auf academicearth.org oder mooc.org.

Aushilfsjobs und Freiwilligenarbeit/Ehrenamt

Ein Unterschied ist offensichtlich: Im Nebenjob verdienst du Geld, im Ehrenamt nicht. Das kann oft entscheidend dafür sein, wonach du dich umschaust. Wenn du aber nicht so sehr auf das Geld angewiesen bist oder manche Erfahrungen nur im Ehrenamt zu machen sind, schau dir diese Möglichkeit auf jeden Fall an. Ob gegen Lohn oder nicht, jede Arbeit wird mit Erfahrung belohnt. Heuere also am besten in einem Bereich an, der dich ohnehin interessiert oder in dem du später gern arbeiten willst.

Wenn du Medizin oder Psychologie studieren möchtest, kannst du schon vor dem Studium im Krankenhaus als Pflegehilfskraft arbeiten (dafür musst du vorher einen mehrwöchigen Kurs besuchen). Wenn du ins Marketing möchtest, trainiere doch schon an einem Stand auf dem

Weihnachtsmarkt dein Verkaufsgeschick. Als Lehramtsstudent verdienst du dein Geld natürlich mit Nachhilfestunden, als Hobby-Informatikerin hältst du die Computer in einem kleinen Betrieb auf dem neuesten Stand. Du interessierst dich für Technik? Engagiere dich beim Technischen Hilfswerk! Du interessierst dich für Tiere? Ab ins Tierheim! Als Studentin der BWL, Rechtswissenschaften oder auch Psychologie könntest du als Werkstudentin in einem Unternehmen anfangen.

Im Idealfall knüpfst du schon im Aushilfsjob dein Netzwerk, das dich nach der Ausbildung trägt, findest also vielleicht schon den Betrieb, in dem du später Vollzeit arbeiten möchtest, oder kannst nach der Ausbildung ehemalige Kollegen oder Chefinnen aus deinen Jobs bitten, dich weiterzuempfehlen.

Und selbst wenn du nicht in dem Berufsfeld arbeiten möchtest, in dem du neben Studium, Ausbildung oder in der Zeit davor jobbst, kann so ein Aushilfsjob (oder ein Ehrenamt) trotzdem eine Möglichkeit sein, Tätigkeiten kennenzulernen, die eben nicht zu deinem Wunschberuf gehören. So festigst du entweder deine Entscheidung für den Beruf, weil du zwar gern im Tierheim oder im Supermarkt jobbst, aber nun sicher weißt, dass du das nur für kurze Zeit machen möchtest. Oder du merkst, dass dir der Aushilfsjob (oder das Ehrenamt) doch mehr Spaß macht, als du dachtest, und entscheidest dich noch einmal neu.

Praktika

Auch in Praktika sammelst du Arbeitserfahrung und knüpfst idealerweise nützliche Kontakte. Und du erfährst, ob dir ein Beruf tatsächlich liegt oder ob du dich noch einmal umschauen solltest. Wenn du zwischen verschiedenen Berufen oder Berufsfeldern schwankst, mach mehrere Praktika. Und sei es nur jeweils zwei Wochen in den Ferien.

Und auch wenn du schon weißt, in welchem Beruf du arbeiten willst, kann es sich lohnen, bei verschiedenen Arbeitgebern Praktika zu machen. So findest du nicht nur heraus, ob der Beruf wirklich zu dir passt, sondern lernst vielleicht auch gleich einen Betrieb kennen, in dem du dich wohlfühlst und später bewerben willst (da bringt das Praktikum im gleichen Betrieb natürlich Pluspunkte).

So kommst du an ein Praktikum

Du kannst im Internet oder über die Arbeitsagentur nach Praktikumsplätzen suchen oder Betriebe direkt anfragen. Ruf vorher kurz an, ob sie überhaupt Praktikumsplätze vergeben, und frage, an wen du deine Bewerbung schicken kannst. Viele Betriebe inserieren Praktikumsplätze gar nicht.

Gerade wenn es um Schülerpraktika geht, kannst du auch deine Eltern oder andere Erwachsene fragen, ob sie jemanden kennen, der in deinem Wunschberuf arbeitet und dir ein Praktikum vermitteln kann. Wenn du noch keinen Schulabschluss und keine Arbeitserfahrung vorweisen kannst, hilft oft eine persönliche Empfehlung, um an einen Praktikumsplatz zu kommen.

Kümmere dich aber ruhig mehrere Monate im Voraus um ein Praktikum, gerade Praktikumsplätze in den Ferien sind schnell besetzt.

Idealerweise suchst du dir einen Praktikumsplatz natürlich gleich in dem Unternehmen, in dem du auch eine Ausbildung machen würdest. So lernen dich Kollegen und Chefinnen schon einmal kennen. Und du merkst: Macht dir die Arbeit wirklich Spaß? Wie gehen Vorgesetzte und Kolleginnen miteinander um? Wird eher gelobt oder gelästert?

Das solltest du vor einem Praktikum klären

Was wirst du lernen? Wo wirst du eingesetzt? Wer ist für dich verantwortlich? Welche Aufgaben wirst du übernehmen (können)? Gibt es ein Projekt, das du in der Zeit bearbeiten und realistischerweise auch abschließen kannst (zum Beispiel eine einfache Holzarbeit beim Schreiner oder eine eigene Reportage in der Zeitungsredaktion).

Wie lange dauert das Praktikum normalerweise? Reicht die Zeit aus, um einen guten Einblick in die Arbeit zu bekommen und wenn möglich ein eigenes Projekt abzuschließen (mindestens zwei Wochen, je nach Beruf und Projekt eher länger)? Oder dauert es so lange, dass sie dich auch gleich einstellen könnten (mehrere Monate oder gar ein Jahr)? Denn: Auch wenn der Beruf, den du ergreifen willst, gerade mega angesagt ist und jeder darin ein Praktikum machen will – wenn von dir erwartet wird, länger als drei

Monate ein unbezahltes Praktikum zu machen, dann wirst du danach eher keinen Arbeitsplatz in der Firma bekommen, wenn du mal Geld verdienen willst. Sie haben ja unbezahlte Praktikanten.

Für freiwillige Praktika – also solche, die *nicht* innerhalb deiner Schulzeit, eines Studiums oder einer Ausbildung geleistet werden müssen – kannst du eine (geringe) Praktikantenvergütung bekommen. Bei einem Praktikum von bis zu drei Monaten können das rund 400 Euro pro Monat sein. Wenn du später eine Ausbildung oder ein Studium abgeschlossen hast und danach noch ein Berufspraktikum ableisten musst, kannst du – je nach Abschluss und den übernommenen Aufgaben – eine deutlich höhere Vergütung erwarten.[12] Allerdings halten sich viele Unternehmen nicht daran.

Es gibt noch ein paar weitere Regeln, die für ein Praktikum gelten und dich schützen sollen. Die tägliche Arbeitszeit sollte nicht länger als acht Stunden sein, an Sonn- und Feiertagen darfst du normalerweise nicht arbeiten, außer es wird in diesem Beruf grundsätzlich an solchen Tagen gearbeitet, etwa in Krankenhäusern oder bei der Feuerwehr. Dann steht dir aber ein freier Tag als Ausgleich zu.[13]

Während des Praktikums

In einem Praktikum merkst du idealerweise, ob dich der Job genau im richtigen Maß herausfordert. Denn wenn dir im Beruf alle Aufgaben zu leichtfallen, bist du schnell unterfordert. Es wird langweilig. Wenn dir die Arbeit dagegen sehr schwerfällt und du oft das Gefühl hast, nicht hinterherzukommen, bist du überfordert. Dann frustriert dich der Job irgendwann.

Im Praktikum (und später auch im Beruf) kann anfangs beides vorkommen. Vielleicht fühlst du dich unterfordert, weil dir deine Chefin noch nicht so viel zutraut. Vielleicht fühlst du dich überfordert, weil zu viel von dir verlangt wird. Manchmal wissen die Kolleginnen und Vorgesetzten nicht genau, was sie von ihren Praktikanten erwarten können. Das muss also nicht gleich heißen, dass der Beruf nichts für dich ist. Aber wenn du dich nach zwei Wochen immer noch über- oder unterfordert fühlst und auch ein Gespräch mit deinem Praktikumsbetreuer oder deiner Chefin nichts ändert, solltest du genau schauen, woran es liegt. Ist es der Job? Kannst du dazulernen? Oder dir neue Aufgaben suchen, die dich mehr fordern? Beobachte und frage, ob die Arbeiten, die dir gegeben werden, wirklich zu den Aufgaben im Job gehören, ob der Beruf an sich langweilig (für dich) ist oder du einfach noch nicht die richtigen Tätigkeiten ausüben durftest.

Wenn du an deinen Aufgaben nichts ändern kannst und ein Gespräch mit deinem Vorgesetzten nicht hilft, solltest du dir überlegen, ob du das Praktikum abbrichst.

Nach dem Praktikum

Bitte zum Ende deines Praktikums (und bei längeren Praktika auch schon nach der Hälfte der Zeit) um ein Feedback für deine Arbeit. So weißt du, was gut ankam und was du beim nächsten Praktikum, in der Ausbildung oder später im Beruf besser machen kannst.

Außerdem steht dir für jedes Praktikum mindestens eine Praktikumsbestätigung zu, in der Dauer, Art und Ziel des Praktikums sowie die Fähigkeiten, die du dabei erworben hast, aufgelistet sind. Noch besser wäre aber ein Praktikumszeugnis, in dem dir auch bescheinigt wird, wie gut du gearbeitet und dich engagiert hast.[14]

Manchmal ist ein Praktikum, ein Nebenjob oder eine ehrenamtliche Tätigkeit die Eintrittskarte in den Beruf, der zu dir passt. Und du lernst dort Menschen kennen, die dir mehr über ihre Arbeit erzählen können.

Andere Menschen

Wer könnte dir mehr über einen Beruf sagen als die Menschen, die darin arbeiten? So kannst du gleich aus Fehlern lernen, die andere gemacht haben, oder einen anderen Weg als sie einschlagen.

Suche dir also Menschen, die das machen, was dich interessiert. Manchmal musst du kreativ sein, um sie zu finden. Aber sobald du weißt, wer dir weiterhelfen könnte, gilt: Trau dich! Die meisten Menschen geben gern Rat, sie fühlen sich oft sogar geschmeichelt, wenn der potenzielle Nachwuchs etwas von ihnen – den Erfahrenen – wissen will. Hab also keine Scheu, einfach mal jemanden zu fragen, ob er dir weiterhelfen und von seiner Ausbildung oder dem Studium erzählen mag. Bereite dich auf so ein Gespräch vor, notiere dir ein paar Fragen, dann merkt dein Gegenüber auch, dass du es ernst meinst.

Menschen, die dir etwas über einen Beruf sagen können, findest du auf den verschiedensten Wegen, zum Beispiel:

Frage Freunde oder Bekannte deiner Eltern, Verwandte, Lehrer oder andere Erwachsene, die du kennst.

Besuche Berufs- und Fachmessen, Tage der offenen Tür oder andere Veranstaltungen, bei denen sich Menschen extra bereithalten, um von ihrem Beruf zu erzählen.

Wenn du so niemanden findest, schreib ein Unternehmen an, das dich interessiert, und frag, ob sie dir einen Azubi oder eine ihrer Angestellten vermitteln können, die dir etwas über ihren Beruf und die Ausbildung erzählen. Auch Berufsschulen können dich an Azubis weiterleiten. Oder kontaktiere die Studienberatung oder die Studentenvertretung und bitte sie, den Kontakt zu Studierenden oder Absolventen herzustellen, die du ausfragen darfst.

Du könntest auch in (Berufs-)Netzwerken wie Xing, LinkedIn oder sogar auf Facebook Leute anschreiben, die dir Auskunft geben können. (Wenn du jemanden online kennenlernst, stelle deine Fragen auch nur online oder per Telefon. Sollte dir jemand ein Treffen anbieten, um deine Fragen zu beantworten, dann ist das sehr nett, triff dich aber grundsätzlich nur an öffentlichen Orten, wenn du jemanden nicht persönlich kennst.)

Fragen, die du anderen stellen könntest

Was lieben sie an ihrem Beruf?

Was fällt ihnen besonders leicht, was besonders schwer bei der Arbeit?

Welche Hürden haben sie schon in ihrem Beruf genommen, welche großen Erfolge erlebt?

Was hatten sie sich anders vorgestellt?

Würden sie es noch einmal so machen? Warum (nicht)?

Fühlen sie sich wohl in dem Betrieb, für den sie arbeiten? Würden sie ihren eigenen Kindern zu ihrem Beruf beziehungsweise zu dem Betrieb raten, in dem sie arbeiten? Warum (nicht)?

Wie bringen sie ihren Beruf mit ihrer Freizeit und Familie in Einklang?

Was sollte man können und gern tun in diesem Job? Welche Eigenschaften und Fähigkeiten sind besonders nützlich?

Wie haben sie sich beworben? Was hilft bei der Bewerbung?

Wie kannst du dich – abgesehen von der passenden Ausbildung – noch auf den Beruf vorbereiten? Wer Chirurg werden will, kann etwa Klavier spielen oder Schiffsmodelle bauen, um Fingerfertigkeit und Ausdauer zu trainieren.

Wovor (oder auch vor wem) solltest du dich in diesem Beruf in Acht nehmen?

Wie bewerten sie das, was du in dem Bereich schon geleistet hast? Leute, die dich kennen, kannst du auch fragen, ob sie glauben, dass der Beruf zu dir passt.

Und gerade, wenn du dich für einen Beruf interessierst,

der (noch immer) ungewöhnlich für einen Mann beziehungsweise eine Frau ist, solltest du dich mit Männern beziehungsweise Frauen austauschen, die in diesem Beruf arbeiten. Etwa einer Automechanikerin oder Chirurgin, einem Kita-Erzieher oder Geburtshelfer.

Falls du an jemanden gerätst, der sich vor allem über seinen Beruf beschwert, du aber weiterhin von dem Beruf oder dem Betrieb überzeugt bist, frag lieber noch jemand anderen. So bekommst du ein objektiveres Bild.

Und vielleicht findest du auf diese Weise sogar eine Mentorin, die dich eine Zeit lang begleitet, berät und motiviert.

AUS EIGENER ERFAHRUNG

SAM NAZERI, 23
HOTELFACHMANN
Zweieinhalb Monate war ich zu Fuß, im Bus und in einem Lkw, versteckt hinter Kartoffelsäcken, unterwegs, von Pakistan nach Deutschland. Dreimal hat mich unterwegs die Polizei erwischt. Jedes Mal ließ sie mich wieder laufen. Als ich vor fünf Jahren in Hamburg in einem Flüchtlingslager ankam, hatte ich keine sauberen Klamotten mehr, ich musste dringend duschen. Also habe ich mich durchgefragt zur Kleiderkammer. Dort habe ich meine ersten Nike-Schuhe bekommen, die besitze ich heute noch als Erinnerung. In der Kleiderkammer brauchten sie Hilfe, um die Klamotten zu sortieren. Also habe ich dort

mit angepackt. Es ist immer gut, etwas zu tun zu haben. Später habe ich bei der Betreuung von Flüchtlingskindern geholfen und den ehrenamtlichen Helfern Kaffee gebracht. Und nebenbei mit den Helfern etwas Deutsch gelernt. Mein erstes Wort war »Moin«. Wenn ich einen Deutschen so begrüßt habe, dachten sie gleich, ich spreche Deutsch.

Meine deutschen Freunde haben mir sehr geholfen, mich in Deutschland zu orientieren. Eine Bekannte empfahl mir, bei der Initiative »Kids Welcome« den Bundesfreiwilligendienst zu machen. Ich habe dann ein Jahr lang kleinen Kindern Hip-Hop tanzen beigebracht. Wir hatten sehr viel Spaß, sogar in der S-Bahn haben mich irgendwann Leute erkannt, weil ich der war, der ihren Kindern lustige Tänze beigebracht hat. Mir hat die Arbeit mit Kindern sehr viel Spaß gemacht. Für die Deutschen war es oft schwer, mit den vielen Kindern aus unterschiedlichen Ländern klarzukommen. Die Deutschen sind immer lieb, denen sitzen die Kinder dann auf dem Kopf. Ich bin manchmal streng, manchmal lieb, das funktioniert gut.

Viele meiner Freunde sagten, ich solle doch Erzieher werden. Aber das wollte ich nicht. Ich wusste schon, dass man als Erzieher sehr früh aufstehen muss und wenig verdient.

Aber ich wusste auch, dass ich eine Ausbildung machen will, um später zuverlässig Geld zu verdienen. Auf der Flucht hatte mir ein Schlepper angeboten, für ihn zu arbeiten. 200 Euro hätte ich pro Flüchtling bekommen, den ich nach Deutschland bringe. Schnelles Geld, hohes Risiko. Das wollte ich nicht. Ich wollte eine Ausbildung machen, bevor ich das große Geld schmecke. Wer viel Geld mit illegaler Arbeit verdient, kommt davon nicht mehr weg, bis er im Gefängnis landet. Ich brauche nicht viel Geld.

Ich will nur ein ganz normales Leben. Und dafür brauche ich eine Ausbildung.

Aber was sollte ich tun? Ich wollte Elektriker werden oder Konditor. Aber ich konnte noch nicht gut genug Deutsch und hatte keinen Schulabschluss. In Pakistan war ich zwar neun Jahre zur Schule gegangen, hatte aber keinen Abschluss, weil wir Flüchtlinge aus Afghanistan waren und keine Papiere hatten. Und ohne Ausweis bekam ich keinen Abschluss. Nach der Schule hatte ich früher in einer Gaststätte als Kellner gearbeitet. Außerdem sprach ich Englisch, weil meine Mutter mich drei Jahre lang in den Sommerferien in einen Englischkurs geschickt hatte. Mit diesen Fähigkeiten bekam ich eine Ausbildung zum Hotelfachmann in einem großen Hotel in Hamburg, die haben mich auch ohne Schulabschluss genommen.

Ich wusste nicht genau, was man da macht als Hotelfachmann. Aber ich habe es schnell gemerkt. Wir haben immer mehrere Wochen lang in einem Bereich im Hotel gearbeitet und dann in den nächsten gewechselt, von der Küche zur Rezeption, von der Hauswirtschaft zur Buchhaltung. Als ich im Hotelrestaurant gearbeitet habe, musste ich lachen. Im Restaurant in Pakistan musste ich vom Kaffee bis zum Milchschaum alles selber machen. Hier in Deutschland drücke ich auf einen Knopf, und der Cappuccino kommt fertig aus der Maschine. Als ich in der Küche war, sollte ich am ersten Tag Gemüse schneiden. Ich habe zehn Gurken blitzschnell und ohne hinzuschauen geschnitten. Der Chef sagte sofort: Den behalten wir. Nur in der Hauswirtschaft hatte ich Schwierigkeiten, ich hatte noch nie ein Bett gemacht. Insgesamt war ich aber einer der besten Azubis, hat mein Ausbildungsleiter gesagt. Nur mein Deutsch war noch immer nicht gut genug. In der Berufsschule habe ich viel zu lange gebraucht, um die Texte im Lehrbuch zu verstehen, sodass ich dem Unterricht kaum folgen konnte. Als meine Lehrerin das mitbekam, hat sie mir einfach einen Tag vorher gesagt, worüber wir am Tag darauf sprechen wollten. So konnte ich mich schon zu Hause vorbereiten und schwierige Wörter übersetzen.

So habe ich die Ausbildung gut bestanden und wurde sofort fest angestellt. Jetzt möchte ich eine Fortbildung zum Barkeeper machen. Da lernst du alles über Spirituosen und kannst später Barchef werden. Das passt gut zu mir. Du arbeitest nachmittags und abends und kannst morgens ausschlafen. Außerdem weiß ich guten Alkohol zu schätzen. In Pakistan ist Alkohol unter Muslimen verpönt. Mir geht es dabei nicht um den Rausch, sondern um den Genuss.

Ich bin glücklich damit, wie sich mein Berufsweg entwickelt hat. Und ich bin sehr froh, dass ich in Deutschland bin. In Deutschland hat man so viele Möglichkeiten. Wer hier geboren und zur Schule gegangen ist, kann alles machen. Das sage ich auch meinen deutschen Freunden, wenn sie mal keinen Bock haben: Digger, sei froh, dass du arbeiten kannst. Dass du so viele Chancen hast. Dass ihr nicht erleben musstet, was ich erlebt habe: Mein Vater ist bei einem Bombenanschlag getötet worden, ich habe allein die Heimat verlassen, musste meine Mutter und meinen Bruder zurücklassen und mir in der Fremde ein neues Leben aufbauen. Als ich gerade mit der Ausbildung begonnen hatte, kam mein Ablehnungsbescheid. Ich sollte abgeschoben werden! Da hätte ich am liebsten alles hingeschmissen. Aber ich hab mir einen Anwalt genommen, bin vor Gericht gezogen – und habe gewonnen.

Nun hoffe ich, dass ich bald eingebürgert werde und meine Kinder später in Deutschland zur Schule gehen können.

Ich habe immer gesagt: Ich bin im falschen Land geboren. Ich wollte immer in einem Land leben, in dem kein Krieg ist. Ich wollte einfach normal leben. Das habe ich jetzt geschafft.

Jetzt habe ich eine sehr liebe Freundin, ihre Familie ist auch sehr nett zu mir, ich habe viele deutsche Freunde, eine Ersatzfamilie hier in Hamburg, ich habe sogar eine Ausbildung und einen Beruf. Auf meinem Weg hierher hat mir geholfen, dass ich mir immer sofort eine Beschäftigung gesucht habe. Und dabei geblieben bin, auch wenn die Arbeit im Hotel manchmal sehr hart war. Das ist wichtig im Beruf. Ich habe meine Chance genutzt.

Filme, Zeitschriften und das Internet

In diesem Kapitel geht es darum, wie du dich ganz gezielt über verschiedene Berufe informieren kannst. Vielleicht glaubst du, dass du über manche Berufe schon recht gut Bescheid weißt, auch wenn du darin nie gearbeitet hast und niemanden kennst, der so einen Job hat. Dann geht es dir wie vielen Menschen. Denn einigen Berufen begegnen wir so häufig, dass wir glauben, sie gut zu kennen. Und das gilt nicht nur für die Schule oder den Supermarkt, sondern vor allem auch für Filme und Serien.

Kommt dir das vielleicht bekannt vor:

Ärztinnen verdienen viel und retten am laufenden Band Leben.

Lehrer arbeiten nur den halben Tag und Pfarrer nur sonntags.

Erzieher spielen den ganzen Tag mit süßen Kindern.

Architekten entwerfen und bauen nur die eindrucksvollsten Gebäude.

Sobald du dich aber über diese Berufe informiert hast, weißt du: Bis man Ärztin wird, ist es ein sehr langer und schlecht bezahlter Weg, Ärzte im Krankenhaus arbeiten 24-Stunden-Schichten, eine eigene Praxis zu eröffnen ist sehr teuer und sie schreiben deutlich öfter Behandlungsberichte, als dass sie Leben retten.

Lehrer haben vielleicht nur den halben Tag Unterricht, in der restlichen Zeit müssen sie diesen Unterricht aber vorbereiten, Aufgaben korrigieren, sich fortbilden, Klassenfahrten und Projekte planen, sich mit Eltern, Schülern, Kollegen und der Schulleitung austauschen. Pfarrer verbringen ihre Wochen mit Verwaltungsaufgaben, Unterricht für Schüler und auch für Erwachsene, Seelsorge, Abhalten von Trauungen und Beerdigungen.

Erzieher spielen nicht nur, sie basteln, singen und turnen mit den Kindern, beobachten und dokumentieren deren Entwicklung, müssen Probleme ansprechen und Lösungen finden, betreuen in gewisser Weise auch die Eltern mit.

Und die allermeisten Architekten entwerfen ganz alltägliche Bauten, etwa Wohngebäude und Schulen, sie betreuen Modernisierungen und Instandhaltung, berechnen Kosten und überwachen die Arbeit auf den Baustellen. Kaum ein Architekt schafft sich selbst mit einem Bauwerk ein Denkmal.

Kurz gesagt: Filme und Serien, in denen Menschen in bestimmten Berufen die Hauptrolle spielen, solltest du immer kritisch sehen. Selten werden dort alle Seiten eines Berufs gezeigt.

Andere Medien liefern da bessere Informationen. Im Internet, etwa in den Mediatheken der öffentlich-rechtlichen Sender findest du immer wieder Dokumentationen über verschiedene Berufe. Vom Bayerischen Rundfunk gibt es die Doku-Reihe »Ich mach's!«, in der viele Berufe vorgestellt werden: br.de/fernsehen/ard-alpha/sendungen/ich-machs.

Auch die Arbeitsagentur hat zahlreichen Menschen in ihren Berufen begleitet und stellt sie in kleinen Videos vor: con.arbeitsagentur.de/prod/berufetv/start.

Vorsicht aber vor Imagefilmen (von Berufen und Betrieben): Wenn Betriebe oder auch Kammern und Berufsverbände eigene Videos über Berufe ins Internet stellen, sind die nie ganz objektiv, es werden vorwiegend die positiven Seiten des Berufs gezeigt. Solche Videos können zwar Lust auf den Job machen – wenn du dich aber so genau wie möglich informieren willst, nutze lieber noch andere Quellen.

Fachzeitschriften und Stellenanzeigen

Von Agrarwissenschaft bis Zahntechnik gibt es für fast jede Branche und jeden Beruf eine Fachzeitschrift. Hol dir Zeitschriften aus den Berufsfeldern, die dich interessieren, und stöbere einfach mal. Kannst du das Magazin gar nicht mehr weglegen, weil dich die Themen mitreißen?

Oder findest du das meiste, was da steht, doch recht öde? Auch daran kannst du sehen, ob dich ein Beruf wirklich interessiert oder ob es eher nur deine Vorstellung von der Tätigkeit ist, die dich begeistert – obwohl diese Vorstellung der Realität vielleicht gar nicht entspricht. (Oder interessiert dich der Beruf wirklich, du liest nur einfach nicht so gern?)

In Fachmagazinen kannst du auch darauf achten, wer dort schreibt und über wen geschrieben wird. Dann hast du gleich ein paar Namen und Experten parat, die du anfragen kannst, wenn du noch mehr wissen willst (s. S. 136).

Und natürlich lernst du in solchen Zeitschriften gleich einiges über den Beruf und die Branche. Du kannst feststellen, was dich an dem Bereich besonders interessiert und was weniger – in welche Richtung du also später gehen könntest.

Oft gibt es in diesen Zeitschriften auch Stellenanzeigen. Hier liest du, was in dem Job, den du machen willst, gefragt ist. Nämlich nicht nur der Abschluss in der passenden Ausbildung, sondern auch gewisse weitere Fähigkeiten und Eigenschaften, die sogenannten Soft Skills (s. S. 98).

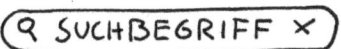

Das Internet

Sicherlich ist das Internet sowieso deine erste Anlaufstelle, wenn du dich informieren willst. Es lohnt sich, dir die Begriffe genau zu überlegen, die du in die Suchmaschine eingibst. Wenn dich das Bauingenieurwesen oder der Beruf »Arzthelfer« interessiert, suche nicht nur nach diesen Begriffen, sondern auch nach Synonymen (etwa »Statiker« für den Bauingenieur) beziehungsweise den offiziellen Berufsbezeichnungen (»medizinische Fachangestellte« statt Arzthelferin) und kombiniere dies dann mit weiteren Begriffen wie »Bewertung«, »Probleme in der Ausbildung«, »Berufswahl« oder auch »Ausbildungsordnung«.

Gerade wenn du dir schon einen bestimmten Betrieb oder eine Uni ausgesucht hast, wo du lernen willst, kannst du hier noch mal genauer schauen. Im Internet kann ja vom Zahnstocher bis zum Orthopäden alles und jeder bewertet werden. Schau mal, ob und wie dein Wunschbetrieb auf Bewertungsportalen abschneidet. Melden sich dort auch Azubis? Beschweren sich Kunden? Oder wurde der Betrieb als vorbildlicher Ausbildungsbetrieb ausgezeichnet? Das muss nicht heißen, dass *du* dich dort besonders wohlfühlst, aber es ist schon mal ein gutes Zeichen. Und kritische Bewertungen müssen nicht heißen, dass der Betrieb eine schlechte Wahl für *dich* ist (oft melden sich ja nur Menschen, die sich beschweren wollen, Lob kommt leider vielfach zu kurz). Kritik kann dir aber Hinweise geben, worauf du in der Ausbildung achten solltest.

Im Internet gibt es auch zahlreiche Job- und Praktikumsbörsen, wo du dich – wenn es für dich an die Bewerbung geht – über freie Stellen informieren kannst. Solange du noch mitten in der Berufswahl steckst, können dir die Stellenanzeigen dabei helfen, herauszufinden, was du für den jeweiligen Beruf oder die Ausbildungsstelle an Fähigkeiten und Wissen mitbringen sollst. Und ob dich die Betriebe, die dort inserieren, interessieren. Erscheint dein Wunschberuf dort überhaupt oder scheinen die Ausbildungsstellen für diesen Beruf eher rar zu sein?

Andersherum funktioniert diese Informationssuche aber auch: Gib mal Eigenschaften, Fähigkeiten und Hobbys ein, die du in deinem künftigen Beruf anwenden möchtest. Was erscheint da? Ist es ein Berufsfeld – oder sogar ein Beruf, der dich neugierig macht? Was für Anforderungen stehen da noch? Sagen die dir auch zu? Kannst oder möchtest du sie erfüllen?

Wenn du in Stellenanzeigen stöbern möchtest, findest du in der Linksammlung am Ende des Buchs einige Jobbörsen (s. S. 228).

?FRAGEN 3

Hier kommen noch einige Fragen, die du dir und deinen Informationsquellen stellen kannst:

- Hast du wirklich genug Infos über deinen Wunschberuf?
- Welches Ziel hast du für dein Leben (Familiengründung, Wohnort, Lebensstil) und wie passt dein Wunschberuf dazu?
- Weißt du, wo deine Wunschausbildung dich einmal hinführen kann? Welche Berufe du damit ausüben kannst? Gefallen die dir auch?

- Wie genau sieht die Ausbildung aus? Was lernst du in welchen Phasen?
- Welche Verantwortung darfst, welche musst du in der Ausbildung (und später) übernehmen?
- Wer ist dein Ansprechpartner, wenn du Fragen und Probleme in der Ausbildung hast?
- Besteht die Gefahr, dass du als vollwertige Arbeitskraft eingesetzt wirst, obwohl du noch in der Ausbildung bist?
- Wie lange dauert die Ausbildung? Ist diese Dauer offiziell festgeschrieben oder unterscheidet sie sich von Betrieb zu Betrieb (das gilt nur für Ausbildungen ohne feste Ausbildungsordnung, etwa Redaktionsvolontariate)? Gibt es dann auch Unterschiede im Inhalt der Ausbildung?
- Meistens reicht die Ausbildungsvergütung nicht zum Leben, im Studium verdient man ohnehin nichts. Wer wird dich in den Jahren der Ausbildung unterstützen? Können deine Eltern deine Miete zahlen, wenn du nicht zu Hause wohnst? Welche Möglichkeiten hast du sonst noch, deine Ausbildung oder dein Studium zu finanzieren?
- Welches Gehalt wird in deinem Wunschberuf gezahlt? Gibt es die Möglichkeit, mehr zu verdienen – oder auch weniger und dafür mehr Freizeit zu haben? Was kannst du verdienen, wenn du weiter aufsteigst?

- Wie sind die Aufstiegschancen? Welche Möglichkeiten zur Weiterbildung und für Zusatzqualifikationen gibt es?
- Wo wird dein Wunschberuf ausgeübt? Willst du dort leben?
- Was sind die Arbeitsbedingungen und die üblichen Arbeitszeiten in deinem Wunschberuf (Schichtarbeit? Gleitzeit? Viele Reisen oder Homeoffice?)? Willst du so arbeiten?
- Wie sicher ist der Arbeitsplatz? Und wie wichtig ist dir das?
- Werden in deinem Wunschberuf gerade Leute gesucht? Oder gibt es zu viele Interessenten? Wie könnte die Nachfrage in zwei, drei oder vier Jahren aussehen, wenn du mit der Ausbildung fertig bist?
- Wer bietet entsprechende Arbeitsplätze an?
- Willst du für eine dieser Firmen arbeiten? Welchen Ruf haben die Unternehmen? Was sagen die Angestellten über ihre Arbeitgeber? Was sagen die Kunden/Patienten/Nutzer? Was erfährst du vielleicht durch unabhängige Testergebnisse, Bewertungsplattformen oder auch Gerichte? (Willst du zum Beispiel für eine Firma arbeiten, deren Mitarbeiter schon wegen Korruption, Diskriminierung oder Verbrechen gegen die Umwelt vor Gericht standen?)
- Gibt es viele Hierarchieebenen oder hat die Firma

eher eine flache Struktur? Duzen sich Mitarbeiter und Chefinnen?

– Gibt es Weiterbildungsmöglichkeiten/Betriebsrente/Betriebsausflüge/Erfolgsboni/Gleitzeitmodelle/eine Betriebskita?

– Wie familienfreundlich ist der Arbeitgeber? Und wie wichtig ist dir das?

– Warum willst du dort arbeiten? Spricht dich der Webauftritt einer Firma an oder haben dir Menschen, die dort arbeiten, von ihrem Arbeitgeber erzählt?

AUS EIGENER ERFAHRUNG

NILS KREYENHAGEN, 38
UNTERNEHMENS- UND PERSONALBERATER

Eigentlich hatte ich überlegt, Rettungsassistent zu werden. Wenn ich Abitur gehabt hätte, hätte ich vielleicht sogar Medizin studiert. Mein Vater hatte sehr früh einen Herzinfarkt und war danach ein Pflegefall. Ich war 14, als er gestorben ist. Menschen wie ihm hätte ich als Arzt gern geholfen. Daran denke ich immer noch manchmal. Aber ich hatte eben kein Abitur, sondern Mittlere Reife. Mein Bruder riet mir: »Unser Vater war Kaufmann, ich bin Kaufmann, zu dir würde das auch passen.« Er hatte recht, das Kaufmännische lag mir. Unser Vater hatte eine eigene Werbeagentur gegründet, die einer meiner Brüder nach dem Tod unseres Vaters mit meiner Mutter weiterführte. Wie meine zwei Brüder schlug auch ich den kaufmännischen Weg ein. Andere Alternativen kamen mir gar nicht in den Sinn. Was ich mir damals gewünscht hätte, wäre das Internet. Heute können sich Berufsabgänger so leicht über alle möglichen Berufe informieren. Ich konnte damals nur ins BiZ oder auf Berufsmessen gehen.

Nach der Ausbildung habe ich noch ein Jahr in derselben Firma als Junior im Bereich Produktmanagement gearbeitet. Es ging darum, neue Produkte zu entwickeln und auf den Markt zu bringen, das bestehende Produktsortiment und die Marketinginstrumente immer wieder anzupassen, dem Vertrieb beratend zur Seite zu stehen oder Markt- und Wettbewerbsanalysen durchzuführen. Aber ich merkte bald: Das reicht mir nicht. In der Schule habe ich mich zwar nie besonders fürs Lernen interessiert, ich habe lieber Tennis gespielt, um mich von den Sorgen um meinen Vater abzulenken. Aber jetzt machte es mir immer mehr Spaß, Neues zu lernen und auszuprobieren. Ich wollte mich weiterbilden und habe überlegt, was noch geht, wenn man kein Abi hat. Ich habe dann eine Weiterbildung zum Kommunikationswirt gemacht und in einer Werbeagentur gearbeitet. Das reichte mir aber auch noch nicht. Jetzt war ich bereit für ein Studium! Auch mit einem Berufsabschluss kann man nämlich einige Fächer studieren, ich habe mich für den Studiengang Sozialökonomie an der Uni in Hamburg entschieden. Nach dem Studium bin ich für einige Wochen durch Mittelamerika gereist, ich wollte noch ein wenig von der Welt sehen. Danach habe ich in der Personalberatung meines mittleren Bruders als Geschäftsführer angefangen. Vier Jahre später gründete ich dann mein eigenes Start-up. Gemeinsam mit einem Freund entwickelte ich eine Online-Plattform, über die Firmen Freiberufler, zum Beispiel Programmierer oder Webdesigner, buchen konnten. Wir sind gut in den Markt gestartet, wir hatten erste Kunden, haben Umsatz gemacht und weitere Mitarbeiter eingestellt. Trotzdem ging uns nach drei Jahren das Geld aus. Wenn man ein Start-up gründet und selbst nicht genug Geld hat, braucht man Investoren. Die helfen in den ersten Jahren, in denen die meisten Start-ups noch nicht genug Geld verdienen. Investoren entscheiden aber auch mit, sie wollen kontrollieren, was mit ihrem Geld passiert. Schließlich soll das Unternehmen möglichst schnell Gewinn machen, von dem die Investoren dann etwas abbekommen. Sobald man sich dafür entscheidet, mithilfe von Investoren eine eigene Firma zu gründen, ist man also auch teilweise abhängig von ihnen und kann nicht mehr ganz frei entscheiden. Das habe ich in der Zeit gelernt.

Als ich das Start-up gegründet habe, habe ich nicht daran gedacht, dass es vielleicht scheitern könnte. Wahrscheinlich muss man einfach mit einer Mischung aus Naivität und Mut an so ein Projekt rangehen. Natürlich hatte ich vorher auch schlaflose Nächte, habe mir viele Gedanken gemacht und mich von Leuten beraten lassen, die schon Erfahrung mit Start-ups hatten, aber wenn ich von etwas überzeugt bin und ein gutes Gefühl dabei habe, mache ich es einfach. Entscheidungsfreudig und mutig muss man als Gründer sein. Das Risiko, dass das Projekt nicht klappt oder das Unternehmen pleitegeht, besteht immer. Das gehört dazu. Und es war hart. Man hört das oft, dass das eigene Unternehmen wie ein eigenes Baby ist, man wünscht es sich, will es aufwachsen sehen, man steckt Arbeit und Herzblut in die Sache. Und es hängen auch Träume daran, zum Beispiel der Traum, mit 40 nicht mehr arbeiten zu müssen. Wenn dieser Traum dann platzt, tut das weh. Ich bin erst einmal in ein Loch gefallen und habe mir eine Auszeit genommen. In dieser Zeit wurde meine Frau schwanger. Nun war ein richtiges Baby unterwegs. Das hat mich natürlich getröstet und auf bessere Gedanken gebracht.

Inzwischen arbeite ich als Unternehmens- und Personalberater für verschiedene Firmen, etwa für Agenturen, Start-ups und größere E-Commerce-Unternehmen. Eine Festanstellung kann ich mir für die Zukunft auch vorstellen, aber erst einmal möchte ich völlig frei arbeiten, unabhängig von einem Arbeitgeber oder von Investoren und auch, ohne Verantwortung für Mitarbeiter zu tragen. Mit meinem Berufsweg bin ich trotz der Höhen und Tiefen zufrieden. Meine beiden Brüder haben mich als den Kleinsten zwar gelegentlich beraten, ich hätte diesen Weg aber vermutlich auch von mir aus gewählt.

Wichtig ist, dass man im Beruf den eigenen Weg geht und sich nicht von Eltern oder anderen Menschen unter Druck setzen lässt. Viele Eltern denken noch immer, dass ihre Kinder nach der Schule direkt in eine Ausbildung gehen sollen. Bloß keine Lücke im Lebenslauf! Arbeitgeberinnen sehen das aber gar nicht mehr so eng. Für sie ist es heute völlig legitim, wenn Bewerber nach der Schule erst einmal um die Welt gereist sind. Wichtig ist, dass man die Lücke im Lebenslauf gut begründen kann. Wenn du nach der Schule ein FSJ in Afrika machen willst, mach das! So eine Auszeit nach der Schule kann dir helfen, herauszufinden, was du wirklich willst, ob das Studium, das dir deine Eltern empfehlen, wirklich das Richtige für dich ist oder ob du lieber eine Ausbildung machst. Hab den Mut, deinen eigenen Weg zu gehen. Für die Persönlichkeitsentwicklung sind eigene Entscheidungen viel wichtiger als ein lückenloser Lebenslauf.

Wege zum Traumberuf

Der *Weg* zum Beruf dürfte inzwischen ziemlich klar vor dir liegen, auch wenn du das *Ziel* noch nicht genau kennst:

Station Nr. 1: Finde heraus, was du gut kannst und was dich interessiert.

Station Nr. 2: Suche dir ein Berufsfeld, in dem deine Fähigkeiten gebraucht werden und das zumindest teilweise einigen deiner Interessen entspricht.

Station Nr. 3: Suche dir wiederum in diesem Berufsfeld einen Beruf, in dem Arbeitszeiten, Gehalt, Aufstiegschancen passen und die Tätigkeit deinen moralischen Vorstellungen und deinen Wünschen für unseren Planeten entsprechen. Es möchte ja nicht jeder bei einem Rüstungskonzern oder einem Mineralölunternehmen arbeiten.

Station Nr. 4: Bewirb dich.

Und dann geht es los!

Klingt so einfach, oder? Aber was kannst du machen, wenn dein Abi nicht gut genug fürs Zahnmedizinstudium ist? Wenn du nur Absagen kassierst für deine Traumausbildung zur Modistin? Wenn du so gern Bestattungsfachkraft wärst, aber vor anderen Menschen keinen Ton rausbringst?

In diesem Kapitel geht es darum, wie du auf Umwegen zum Ziel kommst – und warum das sogar besser sein kann als der gerade Weg.

Und es geht auch darum, was du tun kannst, wenn dein Traumberuf wirklich unrealistisch ist.

Übergangszeit

Lass dir Zeit – sofern das möglich ist. Die Entscheidung für einen Beruf dauert manchmal einige Zeit, sie muss gären, reifen. Du gehst – wie man so sagt – schwanger mit der Idee eines bestimmten Berufs und damit auch mit einer Idee davon, wie du einmal sein willst.

Zeit lassen heißt nicht unbedingt, ein Jahr lang Computerspiele zu zocken oder am Baggersee zu liegen. Das mag Spaß machen, wird dich aber nicht weiterbringen. Nutze die Zeit nach dem Schulabschluss lieber, um dich und deine Fähigkeiten besser kennenzulernen.

Hier sind ein paar Ideen dafür:

Freiwilligendienste

Anderen Menschen helfen, sich kulturell oder für den Sport engagieren, die Umwelt oder Denkmäler schützen – ganz vielfältige Aufgaben kannst du in sogenannten Freiwilligendiensten übernehmen. Der Bundesfreiwilligendienst (BFD, Bufdi) ist nur in Deutschland möglich, das Freiwillige Soziale Jahr (FSJ) beziehungsweise das Freiwillige Ökologische Jahr (FÖJ) kannst du auch im Ausland machen, mindestens sechs Monate, höchstens zwei Jahre lang. Unterkunft und Verpflegung sind grundsätzlich frei, Kindergeld bekommst du weiterhin (wenn du unter 26 Jahren bist), du arbeitest normalerweise Vollzeit und bekommst dafür maximal 414 Euro im Monat als Taschengeld. Außerdem bist du sozialversichert.

Bewerben solltest du dich am besten schon ein Jahr vorher. Lass dir auf jeden Fall einen Arbeitsvertrag vorlegen, bevor du deinen Dienst antrittst – das gilt vor allem bei Diensten im Ausland. Lass dir vorher Kontakte zu ehemaligen FSJlern oder Bufdis vermitteln, die dir von ihrer Arbeit erzählen können. So kannst du relativ sicher sein, keine bösen Überraschungen zu erleben (wie etwa eine schlechte Unterkunft, Missachtung von Arbeitszeiten und Arbeitssicherheit oder unerwünschte Aufgaben).

Ein FSJ, FÖJ oder Bufdi kann dir helfen, herauszufinden, ob dir ein Beruf im sozialen, ökologischen oder kulturellen Bereich liegt, du sammelst Erfahrungen und knüpfst erste Kontakte in dem Bereich. Manchmal kannst du dir deine Arbeitserfahrung im Freiwilligendienst in einem entsprechenden Studiengang anrechnen lassen.[1]

Weitere Informationen findest du hier: arbeitsagentur. de/bildung/zwischenzeit/freiwilligendienst-leisten.

Die Welt entdecken

Bei einem längeren Aufenthalt in einer anderen Kultur lernst du dich selbst noch einmal neu kennen. Du merkst, ob und wie du in einer ganz anderen Umgebung klarkommst. Du spürst, dass dein Land und deine Kultur nicht alles sind, dass man auch anders (gut) leben kann und dass die Menschen überall letztendlich nur versuchen, glücklich zu sein. Und dass es verschiedene Wege dorthin gibt.

Vielleicht machen dich Reisen auch dankbar, dass du in Europa aufwachsen und wohnen kannst und so viel mehr Möglichkeiten hast als Jugendliche in vielen anderen Ländern. Du lernst, dir einen neuen Freundeskreis aufzubauen, und stellst vielleicht fest, mit welchen Menschen du dich umgeben willst und welche dir nicht so guttun.

Ein längerer Auslandsaufenthalt beweist Flexibilität, Wagemut, Anpassungsvermögen, Risikobereitschaft und Durchsetzungsvermögen. Und natürlich übst du deine Fremdsprachenkenntnisse oder lernst vielleicht sogar eine neue Sprache.

Vielleicht spürst du aber auch, dass du viel lieber zu Hause bist, unter Menschen, die du kennst, mit der Kultur und Sprache, die dir vertraut sind. Auch das ist ein Lernerfolg. Dann weißt du jedenfalls, dass du nicht als Diplomatin oder für ein internationales Unternehmen im Vertrieb arbeiten solltest.

Wege ins Ausland gibt es viele. Du kannst ein *FSJ oder FÖJ im Ausland* absolvieren, Entsendeorganisationen findest du zum Beispiel hier: auslandsfreiwilligendienst.de/fsj/entsendeorganisationen.html. Auch Freiwilligenarbeit von wenigen Wochen oder Monaten ist im Ausland möglich, zahlreiche Organisationen haben sich darauf spezialisiert, junge Menschen gegen eine (manchmal recht hohe) Gebühr zu einem sozialen oder ökologischen Projekt ins Ausland zu schicken. Wenn du so etwas machen möchtest, informiere dich gut, ob du vor Ort wirklich sinnvoll mitarbeiten kannst oder dein Aufenthalt den Hilfsbedürftigen wenig bringt und du nur dort bist, damit die Agentur Geld verdient. Frage am besten ehemalige Teilnehmerinnen und suche im Internet nach Bewertungen der Organisation und des Projekts.

Wenn du Auslands- und Berufserfahrung verbinden willst, bietet sich ein *Auslandspraktikum* an. Der Deutsche Akademische Austauschdienst hat einige Organisationen aufgelistet, die (zum Teil gegen Gebühr) Praktika in der ganzen Welt vermitteln: daad.de/de/im-ausland-studieren-forschenlehren/praktika-im-ausland/praktikumsvermittlung/.

Aber auch in Praktikums- und Jobbörsen (s. S. 228) kannst du nach Praktikumsplätzen in anderen Ländern suchen und dich direkt auf offene Stellen bewerben.

Wenn du vor allem durch ein oder mehrere Länder reisen willst, kannst du natürlich all dein Erspartes zusammenkratzen, Eltern und Großeltern um einen Zuschuss bitten und dich einfach auf die *(Welt-)Reise* machen. Oder du machst ganz gezielt eine **Sprachreise** und lernst innerhalb einiger Wochen ein Land und eine Sprache so gut wie möglich kennen. Beides ist natürlich recht teuer.

Wenn du im Ausland Geld verdienen willst, kannst du mit einem Working-Holiday-Visum in ein anderes Land reisen und hast dort für ein Jahr eine Arbeitserlaubnis. Du kannst in Australien Zwiebeln ernten oder auf dem Jahrmarkt Tickets verkaufen, als deutschsprachige Reiseleitung Touristen durch die Jerusalemer Altstadt führen oder Kindern in Uruguay Nachhilfe geben. Diese Visa gibt es zum Beispiel für Neuseeland, Australien, Hongkong, Israel oder Uruguay. Berechtigt sind junge Erwachsene zwischen 18 und 30 Jahren.[2] Sogenannte **Work-and-Travel-Aufenthalte** sind auch in den USA und Europa möglich. In Europa kannst du in den meisten Ländern ohne Visum arbeiten. Um in den USA zu jobben, brauchst du ein spezielles Visum (J1 Visum), mit dem du Praktika machen, als Au-pair oder gegen Kost und Logis (zum Beispiel auf Farmen) arbeiten darfst.[3] Mehr Informationen findest du hier: j1visa.state.gov.

Es gibt viele kostenpflichtige Agenturen und Programme, die dich von der Beantragung des Visums bis zur Jobsuche vor Ort unterstützen. Normalerweise ist ein Working-Holiday-Aufenthalt gut ohne diese Unterstützung möglich. Wenn du aber die Sicherheit willst (und das Geld dafür hast), dann such dir eine Organisation. Vergleiche am besten die Angebote und Preise im Internet, bevor du ein Reise-Paket buchst.

Eine weitere Möglichkeit, Land und Leute kennenzulernen, ist als **Au-pair** in einer Gastfamilie zu leben und zu arbeiten. Die Familie sollte dich aufnehmen wie ein Familienmitglied und dich an ihrem Alltag teilhaben lassen. Du musst mindestens 18 Jahre alt sein, bekommst Unterkunft und Verpflegung, außerdem ein Taschengeld (etwa 200 bis 300 Euro, variiert je nach Land) und in der Regel auch die Möglichkeit zu einem Sprachkurs. Im Gegenzug hilfst du der Familie bei der Kinderbetreuung und im Haushalt, erwartet werden bis zu 45 Stunden pro Woche. Du musst also relativ viel arbeiten. Je nach Land stehen dir bis zu vier freie Abende und anderthalb freie Tage pro Woche zu. Zahlreiche Agenturen vermitteln Au-pair-Stellen. Wichtig ist dabei, dass du deinen Arbeitsvertrag genau gelesen und unterschrieben hast, bevor du losfährst. Informationen findest du hier: guetegemeinschaft-aupair.de und aupair-society.de.

Ach ja, du musst natürlich nicht um die Welt *fliegen* (den Schutz von Klima und Umwelt sollten wir immer mitdenken). Schließlich leben wir in Deutschland mitten in Europa, auf einer riesigen Landmasse. Du kannst also einfach mit dem Zug nach Orléans fahren und dein Französisch aufbessern, mit der Transsibirischen Eisenbahn bis nach Peking reisen oder – vielleicht besser mit einem Freund zusammen – durch Norwegen trampen.

Jobben

Idealerweise jobbst du nicht nur zum Geldverdienen sondern auch, um schon etwas für deinen künftigen Beruf dazuzulernen. Dafür muss der Job gar nicht hundertprozentig etwas mit deinem Wunschberuf zu tun haben. Als künftige Ingenieurin der Fahrzeugtechnik kannst du in einem Produktionsbetrieb am Band Einzelteile von Geräten zusammenschrauben und so erst einmal die andere Seite der Produktionskette kennenlernen.

Wer Journalist werden will, kann beim Kellnern oder hinter der Theke lernen, mit Menschen ins Gespräch zu kommen und ihnen die eine oder andere Geschichte zu entlocken. Angehende Lehrer oder Marketingmanagerinnen können als Urlaubsanimateure lernen, wie man Menschen begeistert und auch dann positiv auftritt, wenn einem gerade nicht danach ist.

Diese Berufserfahrung schreibst du dann am besten auch als Info in dein Anschreiben (s. S. 206).

Aber: Mancher Nebenjob kann dazu verleiten, sich damit zufriedenzugeben, wenn er Spaß macht und das Geld erst einmal reicht. Doch in den wenigsten Berufen kann man ohne formale Ausbildung aufsteigen und erfolgreich sein. Wenn du also nicht den Rest deines Lebens für wenig Geld jobben willst, vergiss deine Ausbildung nicht.

Praktika

Praktika können auch helfen, den Beruf auszuschließen, mit dem du vielleicht noch flirtest, obwohl du dich eigentlich schon für einen anderen entschieden hast. Wenn du den Ausbildungsvertrag für eine Ausbildung zur Bürokauffrau schon unterschrieben hast, es bis Ausbildungsbeginn aber noch ein paar Wochen hin sind, spricht nichts dagegen, vorher noch ein kurzes Praktikum als Feuerwehrfrau zu machen, weil du dir das auch vorstellen könntest. Idealerweise lernst du dort noch etwas, was dich interessiert, merkst aber, dass der Beruf wirklich nicht perfekt zu dir passt. Oder du merkst, dass er dir so wahnsinnig viel Spaß macht, dass du dich doch lieber in die Richtung orientierst. Das ist dann blöd für den Betrieb, wo du schon einen Vertrag unterschrieben hast, und sollte wirklich gut überlegt sein. Aber die Entscheidung steht dir frei.

Worauf du achten solltest, wenn du ein Praktikum machst, haben wir schon auf S. 132 besprochen.

Vorbereitungskurse (s. S. 129)

Wenn es noch ein paar Monate dauert, bis dein Studium losgeht, kannst du in manchen Studiengängen zur Vorbereitung Vorkurse belegen. Dort wird das Wissen, das du eigentlich schon aus der Schule mitbringen solltest, noch einmal aufgefrischt. Das kann dir den Einstieg ins Studium erleichtern. Vorkurse sind normalerweise kostenlos, manchmal musst du dich aber vorher anmelden.[4]

Etwas früher setzen Vorbereitungs- und Orientierungskurse für Musikerinnen, Künstler und Schauspieler an. Hier kannst du dich für eine Aufnahmeprüfung an einer entsprechenden Hochschule vorbereiten. Diese Kurse kosten allerdings ein paar Hundert Euro (deutlich günstiger gibt es manche Vorbereitungskurse an Volkshochschulen).

Übergang zur Ausbildung

Wenn du noch keinen Ausbildungsplatz hast, gibt es verschiedene Möglichkeiten, dich auf einen Beruf beziehungsweise eine Ausbildung vorzubereiten und einen Beruf erst einmal auszuprobieren.

In einer berufsvorbereitenden Bildungsmaßnahme (BvB) oder einem Berufsvorbereitungsjahr (BVJ) können Schulabbrecher außerdem ihren Hauptschulabschluss nachholen. Ein Berufsgrundbildungsjahr (BGJ) oder Einstiegsqualifizierungsjahr (EQJ) kann später auf die Ausbildungszeit angerechnet werden, wenn du einen Ausbildungsplatz findest. Außerdem kannst du hier den mittleren Schulabschluss machen. In insgesamt sechs bis zwölf Monaten absolvierst du dabei ein betriebliches Praktikum und besuchst nebenbei die Berufsschule.

Wenn du eine intensivere Betreuung brauchst und noch gar nicht weißt, was du werden willst, gibt es sogenannte Aktivierungshilfen (AH). Hier geht es nicht nur darum, was du mal werden willst und welche Ausbildung du machen könntest. Du bekommst auch Einblicke in verschiedene Berufsbereiche wie Einzelhandel, Hotel oder Kosmetik.[5] Und dir wird auch bei solchen Problemen gezielt geholfen, die mit der Berufswahl nichts zu tun haben, etwa Schulden, Sucht- oder andere Probleme. Die Dauer der AH hängt ganz davon ab, was du brauchst.

Deine Berufsberatung bei der Bundesagentur für Arbeit (s. S. 122) hilft dir, die richtige Maßnahme für dich zu finden.[6]

DENNIS DURANT, 50
SÄNGER UND SCHAUSPIELER

AUS EIGENER ERFAHRUNG

Geboren und aufgewachsen bin ich in einem kleinen Dorf in Süddeutschland. Dort, wo man nach der Schule eine Ausbildung zum Industriekaufmann oder Kfz-Mechatroniker macht, ein Häusle baut, zwei Kinder bekommt und sich dann scheiden lässt. In diese Mühle wollte ich nie. Ich hatte schon sehr früh einen ganz anderen Traum. Und der schien eigentlich unerreichbar für einen kleinen dunkelhäutigen Jungen aus einem schwäbischen Dorf, der als jüngstes von sechs Kindern bei seiner alleinerziehenden Mutter aufwächst.

Ich war noch keine sechs Jahre alt, als ich in die Schule kam, und noch viel zu jung für den Schulalltag. Die dritte Klasse musste ich wiederholen, bekam dann eine Empfehlung für die Hauptschule. Dort habe ich endlich das Lernen gelernt. Ich wurde Klassenbester, meine Mitschüler wählten mich zum Klassen- und Schulsprecher.

Als ich 15 war und mich dem Hauptschulabschluss näherte, überlegte ich, welche Ausbildung ich machen könnte. Ich bewarb mich für die Ausbildung zum Industriekaufmann und für die Ausbildung zum Reiseverkehrskaufmann. Zu den Bewerbungsgesprächen musste meine Mutter mitkommen, weil ich noch so jung war. Auf der Rückfahrt von einem der beiden Gespräche verriet ich ihr, was ich eigentlich mit meinem Leben anfangen wollte: »Ich will Schauspieler werden.« Und sie sagte: »Dann melde dich auf einer Schauspielschule an. Aber vorher machst du die Mittlere Reife.« Ich rechne ihr das hoch an, dass sie mich nicht ausgelacht hat. Damals auf dem Dorf war die Idee, Künstler zu werden, fast schon verrucht. Wie soll man denn damit Geld verdienen und seinen Bausparvertrag bezahlen? Und ich hatte noch keinerlei Schauspielerfahrung, hatte noch nie auf einer Bühne gestanden, aber ich stand als Klassensprecher oft vor meiner Klasse und wusste: Ich kann Leute überzeugen. Und es macht mir Spaß, vor anderen Menschen zu reden.

Meine Mittlere Reife machte ich auf einer Wirtschaftsschule. Das war mein Sicherheitsnetz. Falls es mit der Schauspielschule nichts wird, kann ich immer noch in die Wirtschaft gehen, da muss man auch Leute überzeugen, dachte ich. Aber ich wurde sofort genommen. Die Badische Schauspielschule Karlsruhe lag unserem Dorf am nächsten, es war eine Privatschule, die wir uns leisten konnten, und wahrscheinlich die einzige Schauspielschule, an der ich mit meinem schwäbischen Dialekt irgendeine Chance hatte. Gleich zu Beginn sagte mir meine Lehrerin: »Den Dialekt kriegst du nie weg.« Das klang nach einer Herausforderung! Noch im ersten Jahr der Ausbildung stand ich für mehrere kleine Rollen in Goethes Faust auf der Bühne – und dann die Kritik in der Lokalzeitung: »Der kultiviert sprechende Dennis Durant ...« Das hat mich so beflügelt! Den Dialekt hatte ich also in wenigen Monaten erfolgreich abgelegt. Auch danach bekam ich immer gute Kritiken und schloss als Jahrgangsbester ab.

Der Vorteil an der kleinen Privatschule war: Wir standen gleich von Anfang an mit Profischauspielern auf der Bühne. Und wenn wir keine Rolle hatten, mussten wir Licht fahren, die Requisiten richten, die Kostüme pflegen. Wir haben das Handwerk also mit allem, was dazugehört, gelernt, auch mit allen Fehlern, die man machen kann. Einmal dachte ich, ich hätte noch genug Zeit bis zu meinem Auftritt, und ging noch schnell zur Toilette. Dort hörte ich mein Stichwort. Bis ich auf der Bühne war, war schon eine Minute vergangen. Die Profis hatten in der Zeit improvisiert. Aber eine Minute Improvisation ist unheimlich lang. Ich habe danach nie wieder meinen Einsatz verpasst.

Gleich im Anschluss an die Ausbildung bekam ich ein Angebot nach dem anderen. Ich spielte eine große Rolle im Schauspielhaus Nürnberg, stand für ein Boulevardstück in Stuttgart auf der Bühne. Dort wäre ich gern ins Ensemble aufgenommen worden, der Intendant damals meinte aber: »Mit deiner Hautfarbe wirst du entweder nur irgendeinen Mohren spielen oder den Othello, aber niemals Hamlet, der hatte eine weiße Mutter.« »Ich habe auch eine weiße

Mutter«, antwortete ich und verabschiedete mich mit: »Der Mohr hat seine Schuldigkeit getan.« Es war einer der Momente, in denen ich durch meine dunkle Haut Nachteile hatte.

Es folgten Fernsehrollen in Serien wie *Küstenwache* und *Balko*. Dann bekam ich Anfragen für Musicals. Ich bekam die Hauptrolle in der *Rocky Horror Show* in Köln, meine erste Rolle mit Gesang und Tanz. Zweieinhalb Jahre spielte ich dort.

Und dann kam nichts.

Ein Jahr lang bekam ich keine Anrufe mehr, niemand wollte mich engagieren. Und ich hatte nie gelernt, mich selbst zu vermarkten. Es gab noch kein Social Media, kaum jemand hatte eine Webseite.

Ich habe an mir gezweifelt und war so hoffnungslos, dass ich bei der Tankstelle neben meiner Wohnung nach einem Job fragte. Zwei Tage bevor ich dort anfangen sollte, kam ein Anruf: Ob ich in *Verbotene Liebe* mitspielen wolle. Der Regisseur war begeistert von mir, meine Rolle wurde größer geschrieben, sodass ich noch länger bleiben konnte. Ein halbes Jahr spielte ich dort. Da war mein Selbstvertrauen zurück.

Als ich eine Einladung zu einem Vorsprechen für das Musical *Der König der Löwen* bekam, ging ich sehr entspannt dorthin. Ich wusste, was ich konnte. Aber ich war mir sicher, dass das eine Liga zu hoch für mich ist. Selbst als ich in die nächste Auswahlrunde kam, glaubte ich nicht daran, dass ich einmal in Hamburg vor 2000 Zuschauern in solch einem Welterfolg mitspielen würde. Ich lief gerade voll bepackt mit Einkaufstüten über den Barbarossaplatz in Köln, als mein Handy klingelte. Eine Frauenstimme sagte: »Ich soll mit Ihnen einen Vertrag machen.« Ich habe das Handy weggehalten und erst einmal geschrien. Damit hatte ich nie gerechnet. Das war ein Ritterschlag. Jetzt war ich in der obersten Liga angekommen. Ab da spielte ich drei Jahre lang Scar und Pumba.

Der Gesang machte mir immer mehr Spaß. Ich baute in der Zeit mein eigenes Plattenlabel auf, schrieb eigene Musik. Und ich merkte: Gesang und Musik, das macht mir am meisten Spaß. Das erfüllt mich! Als ich mich auf der Bühne bei einem Monolog von Scar dabei erwischte, wie ich über Fußballergebnisse nachdachte, kündigte ich.

Es war ein finanzielles Risiko. Beim Musical hatte ich ein festes Einkommen, mit meiner Musik verdiente ich dagegen noch nicht genug Geld. Ich habe deswegen hin und wieder noch Schauspielengagements angenommen. Aber es ging mir nie ums Geld. Ich hatte auch nie den Wunsch, ein Star zu werden. Ich wollte nur meine Familie ernähren können. Und zwar mit etwas, was mir Spaß macht. Mein Herz hängt am Soul. Nach zehn Jahren wärmt mir die Musik noch immer die Seele. Immer noch Spaß zu haben an meinem Beruf, das bedeutet Erfolg für mich.

Wenn ich bei Klassentreffen meinen damaligen Mitschülern begegne, sehe ich, die meisten haben ihr Häusle, haben Bauch, zwei Kinder und sind geschieden. Wenn ich ihnen in die Augen schaue, ist da kein Strahlen mehr. Das tut mir leid! Ich rate jedem: Tut, was euch Spaß macht. Dann seid ihr den anderen immer überlegen. Dann strahlt ihr.

Keine Angst vor krummen Wegen

Schule, FSJ, Studium oder Ausbildung – das klingt zielstrebig und irgendwie so, wie es sein soll.

Meistens ist es aber nicht so.

Manche Menschen entscheiden sich und gehen dann einen geraden Weg. Andere entscheiden sich für eine Ausbildung oder ein Studium, brechen ab, entscheiden sich neu, fallen durch, probieren es noch einmal, machen nebenbei etwas ganz anderes und werden dann plötzlich damit erfolgreich. Wie schnell du den Beruf findest, mit dem du dich wohlfühlst, deine Nische, die du genau ausfüllst (und die dich ausfüllt), ist erst einmal egal.

Sehr viele Menschen haben nicht diesen vermeintlich perfekten Lebenslauf. Jeder vierte Azubi bricht seine Ausbildung ab[7], fast ein Drittel aller Bachelor-Studierenden orientiert sich noch einmal neu[8]. Und ein großer Teil der Berufstätigen arbeitet heute in einem Beruf, der wenig mit ihrer eigentlichen Berufswahl zu tun hat.[9]

Es gibt viele Wege zum Ziel. Das Ziel darf sich ändern. Und die Wege dahin dürfen auch krumm sein, sich winden oder sogar die Richtung ändern – Hauptsache, du gehst deinen Weg.

Viele erfolgreiche Menschen sind krumme Wege gegangen. (Falls dir das hilft, lies ein paar Biografien oder schau Reportagen über Menschen, die erreicht haben, was du machen willst.) An Rückschlägen wächst du. Es klingt nach Kalender- (oder Instagram-)Weisheiten, aber es stimmt einfach: Hürden, die du überwindest, machen dich stärker. Und Gegenwind kann dich auf die Spur pusten, die besser zu dir passt.

Wann du neu anfangen solltest

Bisweilen ist es gut, sich durchzubeißen. Das musst du sowieso immer wieder im Leben tun. Aber du sollst dich nicht quälen.

Dass die Berufswahl viel mit der Partnerwahl gemeinsam hat, habe ich schon erwähnt. An einer Beziehung, in der ihr euch oft streitet, könnt ihr arbeiten, wenn ihr wirklich zusammenbleiben wollt. Wenn dich dein Partner oder deine Partnerin aber schlägt, demütigt oder beschimpft, solltest du gehen.

Gefällt dir das Praktikum nicht so richtig, nervt dich der Job oder kommst du mit Kollegen im FSJ nicht klar? Dann kannst du erst einmal nach Lösungen suchen, mit deiner Chefin sprechen, neue Aufgaben annehmen, andere abgeben. Aber wenn du länger unglücklich bist oder keine Unterstützung für deine Lösungsvorschläge findest, solltest du gehen.

Setze deine Kraft am besten dafür ein, deinen Job gut zu machen. Wenn der Job dich aber daran hindert, gut zu sein, dann solltest du gehen.

Oder wie der Personalberater Robert Harich in einem Interview sagt: »Wenn man mehr kann, als man im Unternehmen dauerhaft zeigen darf, muss man irgendwann gehen.«[10]

Ein gerader Lebenslauf ist nicht alles. Ein Plan B kann später besser sein, als es der Plan A gewesen wäre.

Natürlich solltest du es nicht übertreiben. Wenn du alle paar Monate die Richtung änderst, könnten künftige Arbeitgeberinnen schon beim Blick in den Lebenslauf das Vertrauen in dich verlieren. Warum sollten sie dich einstellen, wenn du vielleicht schon nach kurzer Zeit aufgibst?

Aber wenn du deine Entscheidung vor dir und anderen, die dir wichtig sind, gut begründen kannst, dann ändere deinen Weg.

Wie du neu anfängst

Wenn du im Streit mit deinem Chef dramatisch kündigst, wie man es in Filmen manchmal sieht, dann habt ihr beide nichts davon. Du hast völlig unvorbereitet keinen Job mehr und dein Chef plötzlich eine Mitarbeiterin weniger. Meist geht es sowieso nicht so schnell, denn schon in der Ausbildung gilt eine Kündigungsfrist (normalerweise vier Wochen).[11] Wenn du dich sehr plötzlich anders entscheidest, lässt du außerdem möglicherweise Menschen hängen, die auf dich angewiesen sind, Kollegen zum Beispiel. Und dass dein Einkommen wegfällt, ist auch nicht gut.

Wenn du BAföG beziehst, endet damit natürlich die Unterstützung[12], und es kann nun schwieriger werden, für eine neue Ausbildung oder ein neues Studium wieder BAföG zu bekommen. Dafür musst du sehr gut begründen, warum du deine erste Ausbildung (oder dein Studium) abgebrochen hast, etwa wegen gesundheitlicher Gründe oder Mobbing am Ausbildungsplatz. Das gilt auch für den Bezug von Berufsausbildungsbeihilfe. Wer BAföG bekommt und merkt, dass ihm oder ihr die Ausbildung oder das Studium doch nicht zusagt, sollte möglichst schnell wechseln – so jedenfalls stellt sich das BAföG-Amt das vor. Denn das Ziel der BAföG-Förderung ist, dass du möglichst schnell in der Ausbildung gefördert wirst, die zu dir passt.[13]

Plane Änderungen also mit Bedacht. Überlege dir schon, was du lieber machen möchtest, wenn du noch in der Ausbildung oder in dem Studium bist, die oder das du abbrechen willst. Und bereite den neuen Weg dann in Ruhe vor, bevor du den alten verlässt. Außerdem könntest du im Job oder Ausbildungsbetrieb anbieten, noch eine Zeit lang gewisse Aufgaben zu übernehmen, bis ein Nachfolger gefunden ist. So zeigst du trotz deiner Entscheidung, dass du Verantwortung für die Folgen übernimmst.

Verantwortung übernehmen kann auch heißen, den Weg zu korrigieren, um Hilfe zu bitten und Ratschläge anzunehmen, wenn du nicht weiterkommst. Wenn du überzeugt davon bist, dass du die falsche Wahl getroffen hast, aber nicht weißt, was du jetzt tun sollst, dann lass dich noch einmal neu beraten, bei der Berufs- oder Studienberatung, von Eltern, Berufsschullehrern, Freundinnen.

Auch eine abgebrochene Ausbildung ist keine verschwendete Zeit. Du hast ja sicherlich trotzdem etwas gelernt. Und sei es nur, dass du nun weißt, was du nicht willst.

Du wächst weiter. Mit jeder Erfahrung. Sogar mit einer vermeintlich falschen Berufswahl. Die Berufswahl ist sicher eine der wichtigsten Entscheidungen deines Lebens. Aber sie muss nicht endgültig sein.

Hab also keine Angst, den Weg noch einmal zu wechseln, wenn du sicher bist, dass es der falsche für dich war. Es ist besser, du probierst dich jetzt aus, statt in 20 Jahren, wenn vielleicht eine Familie und die Raten für den Hauskauf von dir abhängen.

In diesen so entscheidenden Jahren deines Lebens darfst du Fehler machen, ja, du sollst es sogar. Aus Fehlern lernt man. Und im Nachhinein ist es egal, ob du zwei Jahre lang als Kellner gearbeitet und zwischendurch mit dem Rucksack durch Asien gereist bist. Wichtig ist für spätere Bewerbungen nur, dass du »Lücken« im Lebenslauf erklären kannst.

Vielleicht wusstest du einfach zwei Jahre lang nicht, was du machen willst. Vielleicht hast du nach der Schule ein paar Monate gebraucht, um dich zurückzuziehen, Computer zu spielen und zu spüren, dass Herumgammeln nicht glücklich macht. Vielleicht hast du kleine Geschwister gehütet oder deinen kranken Vater gepflegt. Oder du hast ein Jahr lang nur von Party zu Party gelebt und zwischendurch etwas Geld auf dem Bau verdient. Es gibt die unterschiedlichsten Gründe für Lücken im Lebenslauf, gerade in einer so turbulenten Zeit wie der eigenen Jugend.

Und wenn du schließlich eine neue Entscheidung getroffen hast, gehst du nach dem Abbruch des Studiums oder der Ausbildung wahrscheinlich mit mehr Elan an den neuen Ausbildungsplatz oder das neue Studienfach heran. Weil du nun das Gefühl hast, besser zu wissen, was du willst.

Wenn du von deinem Ziel und dem Weg dorthin überzeugt bist, dann richte deinen Blick auf das Ziel und die Schritte, die du dafür gehen musst. Lass dich nicht zu sehr davon ablenken, welchen Weg andere gehen, ob sie dort schneller vorankommen und – von außen betrachtet – erfolgreicher sind.

Letztendlich ist es immer deine Entscheidung. Das ist wahrscheinlich eine der schwersten und gleichzeitig wichtigsten Fähigkeiten, die man sich aneignet, wenn man erwachsen wird: eigene Entscheidungen treffen. Und dann auch dazu stehen.

Welche Wege führen noch zum Ziel?

Auch wenn dir deine Eltern, deine Patentante, dein Lehrer oder die Redner auf der Abschlussfeier sagen, dass du jetzt alles werden kannst – so ist es nicht. Ein Studium – auch wenn es in Deutschland keine Studiengebühren gibt – kostet Geld. Vielleicht findest du keinen Ausbildungsplatz für deinen Wunschberuf. Manchmal sind die Noten einfach nicht gut genug.

Aber wenn deine Eltern, deine Patentante oder du selbst sagen, du kannst etwas nicht werden – dann stimmt auch das wahrscheinlich nicht. Es gibt viele Wege zum Wunschberuf. Oder wenigstens zur Wunschtätigkeit.

Wenn dein Schulabschluss für das Medizinstudium nicht reicht, vielleicht möchtest du dann als Notfallsanitäterin arbeiten? Das ist auch aufregend, abwechslungsreich, erfordert viel medizinisches Wissen, aber die Ausbildung ist in drei Jahren abgeschlossen.

Pilot bei der Lufthansa kannst du nicht werden, weil du ein paar Zentimeter zu klein bist? Vielleicht wirst du auf einem Schiff glücklich!

Wenn du in einer Sackgasse angelangt bist, musst du dir also einen anderen Weg zum Ziel suchen. Oder ein anderes Ziel.

Auf Seite 107 hast du schon erfahren, welche Ausbildungswege besonders beliebt sind. Es sind alles Berufe, unter denen sich jede etwas vorstellen kann und von denen jeder schon mal gehört hat. Sich dafür zu entscheiden, liegt also nahe.

Es gibt aber auch Berufe, von denen du noch nie gehört hast. Oder Berufe, die vielleicht nicht so gut bezahlt oder angesehen sind, aber möglicherweise genauso gut – oder viel besser – zu dir passen. Für die es nur wenige Arbeitsstellen gibt – aber auch nur wenige Bewerber.

Ein Beispiel: Findest du keinen Ausbildungsplatz als Kaufmann im Einzelhandel? Das könnte gut sein, denn es bewerben sich mehr Jugendliche auf diese Stellen, als es Ausbildungsplätze gibt.[14] Wenn du dich jetzt schon für eine Spezialisierung entscheiden kannst, dann bewirb dich doch als »Fachverkäufer im Lebensmittelhandwerk«. Da gibt es Bewerbermangel.[15] Die Aufgaben und Tätigkeiten in beiden Berufen sind sehr ähnlich, nur dass sich der eine Beruf eben auf Lebensmittel beschränkt.

Es kann sich also lohnen, etwas abseits der angepeilten Richtung nach Alternativen zum Wunschberuf zu suchen.

Oft wissen gerade Schulabgänger noch gar nicht, was es für Berufe gibt. Wer Menschen helfen will, denkt an Ärztin oder Kindergärtner. Wer kreativ sein will, denkt an Künstler oder Designerin.

Es gibt aber noch so viele andere Berufe und Möglichkeiten.

Überlege dir: Warum habe ich mir diesen bestimmten

Beruf in den Kopf gesetzt? Was will ich damit erreichen? Und mit welchem Beruf kann ich stattdessen zum Ziel kommen?

Du willst – wie so viele – Medizin studieren? Worum geht es wirklich? Um das Ansehen, das Ärztinnen genießen? Angesehen sind andere Berufe auch. Um den hohen Verdienst? Der ist in der Humanmedizin oft gar nicht so hoch und du fängst erst viel später als in anderen Berufen an, überhaupt Geld zu verdienen. Geht es darum, kranken Menschen zu helfen und zu beobachten, wie jemand Fortschritte macht, sein Leid langsam hinter sich lässt und irgendwann gesund und glücklich seines Weges geht? Dann wäre vielleicht auch die Krankenpflege, die Physiotherapie oder die soziale Arbeit etwas für dich.

Du möchtest Goldschmied werden? Geht es dir darum, filigrane Dinge zu erschaffen, kreativ zu sein, hoch konzentriert zu arbeiten? Oder auch ein bisschen darum, für deine Fertigkeit bewundert zu werden? Vielleicht würde dir auch Uhrmacher, Metallbildner oder Glasveredler liegen.

Wenn du beim Praktikum im Krankenhaus merkst, dass du mit Nachtdiensten gar nicht klarkommst, dann suche dir etwas anderes, etwa Arzthelfer.

Wenn du Chef werden willst, musst du nicht unbedingt BWL studieren (das machen viele). Ein technisches Studium und ein Traineeship, eine Art Ausbildung für angehende Führungskräfte, sind auch gute Möglichkeiten.

Wenn du genau verstehst, warum dich ein Beruf fasziniert, wird es dir leichterfallen, Alternativen zu finden.

Um einen hohen NC zu umgehen oder Wartesemester zu vermeiden, kannst du auch nach einem alternativen Studienort suchen. Wenn ein Studiengang nur an manchen Unis zulassungsbeschränkt ist, informiere dich einfach über andere Hochschulen, die das Fach ebenfalls anbieten. Bei bundesweit zulassungsbeschränkten Studiengängen wie Human- oder Zahnmedizin und Pharmazie könntest du auch über ein Studium im Ausland nachdenken, etwa in Österreich oder den Niederlanden.[16] Um ein Studium innerhalb der EU zu finanzieren, kannst du Auslands-BAföG beantragen.[17]

Wofür auch immer du dich entscheidest, versuche, deine Erfolgschancen möglichst realistisch einzuschätzen. Hast du dein Abitur eher mit mittelmäßigen Noten abgeschlossen und planst nun ein Medizinstudium im Ausland, um den NC in Deutschland zu umgehen? Ein Medizinstudium ist natürlich auch außerhalb von Deutschland anspruchsvoll, und wird noch schwerer, wenn du erst eine andere Sprache lernen musst.

Eine Ausbildung im gleichen Berufsfeld *vor* dem Studium kann deine Chancen auf einen Studienplatz auch in Deutschland erhöhen und erleichtert dir das Studium insgesamt.

Wenn du gern Filme drehen möchtest, aber dir noch die Erfahrung und der Erfolg fehlt, könntest du mit kleinen Werbe- und Imagefilmen beginnen – für das Schulorchester, für ein kleines Unternehmen vor Ort oder für Hochzeitsfeiern. So verdienst du erst einmal Geld. Vergiss aber nicht, dir regelmäßig Zeit einzuplanen, um deinen eigentlichen Traum zu verwirklichen.

Wo willst du lernen oder arbeiten? Muss es der große, weltumspannende Konzern sein? Die Uni-Klinik? Die Redaktion einer großen, namhaften Tageszeitung? In kleinen Betrieben kannst du dich häufig viel mehr ausprobieren und bekommst früher Verantwortung übertragen. In einer kleinen Uni-Stadt fühlst du dich vielleicht wohler und sitzt nicht mit 200 anderen Studierenden in der Vorlesung. Mittelstandsbetriebe, die in Nischen-Marktsegmenten Europa- oder Weltmarktführer geworden sind (»Hidden Champions«), haben auch einiges zu bieten, es muss nicht das weltweit bekannte Unternehmen sein.

Du dachtest, du willst zu Hause wohnen bleiben? In einer anderen Stadt erlebst du ganz neue Freiheiten und kannst über dich hinauswachsen, neue Freunde finden, neue Fähigkeiten entdecken. Dir fehlt das Geld für eine eigene Wohnung? Informier dich über Wohngeld, Studienkredite, alternative Wohnmöglichkeiten (s. S. 189). Zieh bei einer alten Dame ein, die dir ein Zimmer günstig vermietet, weil du ihr dafür im Haushalt hilfst und ihr Gesellschaft leistest. Sei kreativ, lass dich beraten, meistens gibt es eine Möglichkeit, zum Ziel zu kommen.

AUS EIGENER ERFAHRUNG

CLAUDE TOUSSAINT, 51
USER EXPERIENCE DESIGNER

Wenn meine Mitschüler in Mathe und Physik nichts mehr verstanden, habe ich ihnen den Stoff erklärt. Zahlen und Logik liegen mir einfach. Trotzdem hätte ich nie gedacht, dass ich später einmal einen Roboter bauen würde! Zuerst wusste ich gar nicht, was ich nach dem Abi studieren sollte, mir hat nämlich auch Kunst immer Spaß gemacht, Architektur oder Design hätten mich interessiert. Aber ich hielt mich dann doch nicht für kreativ genug und habe Maschinenbau studiert. Mein Vater war Ingenieur, das Technische liegt also in der Familie. Aber dann kam ich doch ins Zweifeln. Ich, der in der Schule für Mathe und Physik nie lernen musste, hab im Studium plötzlich nichts mehr verstanden. Ich saß da an der Uni Aachen mit 1000 anderen Studenten im ersten Semester, fast nur Männer, und fühlte mich ziemlich verloren. Als ich in einer Klausur saß und wir alle die gleichen Lösungswege für die gleichen Aufgaben herausfinden mussten, fragte ich mich: Was machst du da eigentlich, was soll das alles? Ich war kurz davor, das Studium abzubrechen, da las ich irgendwo von einem Aufbaustudium »Produktdesign« für Ingenieure. Technik und Kreativität? Das war es! Der Gedanke an diese Möglichkeit gab mir Kraft. Ich brach das Studium nicht ab, wechselte aber die Uni. In Hamburg gab es weniger Studenten, die Vorlesungen waren kleiner, wir konnten im Hauptdiplom mehr diskutieren und uns kreative Lösungen für technische Probleme überlegen. Für meine Diplomarbeit habe ich einen Fahrkartenautomaten entwickelt, entworfen und programmiert, den Kunden möglichst einfach bedienen konnten. Das war es, was ich mit meiner Ausbildung machen wollte: Technik und Menschen zusammenbringen. Und dabei gestalterisch kreativ sein. Nur Maschinen zu entwickeln oder instand zu halten war mir zu wenig. Ich wollte mehr. Das Aufbaustudium in Stuttgart habe ich dann auch noch gemacht und danach einige Jahre in einer großen Designagentur gearbeitet, in der ich vorher ein Praktikum gemacht habe. Sie haben mir dann auch gleich eine Stelle angeboten, ich habe Internetseiten und Benutzerschnittstellen entwickelt, später sogar das komplette Infotainment in den Autos von Opel. Ich durfte in der Agentur meine eigene Abteilung aufbauen. Als die Firma verkauft werden sollte, habe ich sie mit drei Kollegen zusammen übernommen. Plötzlich war ich Geschäftsführer. Aber nach ein paar Jahren wollte ich aus dem Agenturgeschäft aussteigen.

Da stieß ich auf eine Ausschreibung vom Bundesministerium für Bildung und Forschung, das Forschungsprojekte im Bereich Interaktionsstrategien für Roboter fördern wollte. Und wieder packte es mich, wie damals, als ich zum ersten Mal von dem Aufbaustudiengang gehört hatte. Bei jedem Satz, den ich in der Ausschreibung las, dachte ich: Genau das will ich! Da kommen wieder Technik, Mensch und Design zusammen. Und ich könnte so einen Roboter selbst entwickeln, müsste mich nicht danach richten, was meine Auftraggeber fordern, ich wäre frei! Also habe ich ein Start-up gegründet, ein Konzept geschrieben, Experten gesucht, die mich unterstützen können, und die Förderung des Bundesministeriums bekommen. Ich wollte etwas Visionäres Wirklichkeit werden lassen, das es noch nicht gab. Etwas, von dem die Leute sagen: Boah, was ist denn das? Nun entwickeln wir einen sozialen Roboter, der eine richtige Beziehung zu einem Menschen aufnehmen kann, der zum Beispiel merkt, wenn ein Mensch traurig ist, und ihn dann aufmuntern kann. Ein bisschen so wie der kleine Roboter Wall-E aus dem gleichnamigen Kinofilm. Er ist noch nicht fertig, aber wir beginnen gerade mit den ersten Tests. Es ist noch ein langer Weg, und ich muss immer wieder für meine Vision kämpfen. Aber wie man sich durchbeißt, hab ich ja schon im Studium gelernt. Und dass es sich lohnt, weiß ich inzwischen auch. Manchmal hätte ich das gern schon damals gewusst, als ich Angst hatte, mich für das falsche Studium zu entscheiden. Heute würde ich sagen: Einfach mal anfangen und probieren. Die Berufswahl muss nicht endgültig sein. Und selbst innerhalb eines Studiums oder einer Ausbildung kann man noch verschiedene Schwerpunkte wählen, als

Ingenieur zum Beispiel in die Entwicklung gehen, eher mit Kunden arbeiten oder Managementaufgaben übernehmen. Und: Was ich heute mache, hätte ich nach dem Abi noch gar nicht wählen können. Den Beruf »User Experience Designer« gab es damals noch gar nicht. Wichtig ist, überhaupt eine Entscheidung zu treffen und einen ersten Schritt zu machen. Wohin der Weg dann letztendlich führt, merkt man ja, wenn man ihn geht.

Endlich Chef sein!

Es gibt viele Berufe, für die keine formale Ausbildung vorgeschrieben ist. Politikerin zum Beispiel, Journalist oder Immobilienmakler.[18]

Theoretisch brauchst du für diese Berufe also nicht einmal einen Schulabschluss. Dafür aber eine besondere Begabung, absolutes Überzeugungstalent zum Beispiel oder eine hervorragende Ausdrucksweise. Denn wenn du niemanden mit einem Zeugnis von deinen Fähigkeiten überzeugen kannst, musst du es *direkt* mit deinen Fähigkeiten tun.

Wer ohne Berufsausbildung Geld verdienen will, arbeitet oft selbstständig. Aber auch viele Berufe, die ein Studium oder eine Ausbildung erfordern (etwa Psychotherapeut oder Anwältin), sind ohne Festanstellung möglich.

Wenn du dich irgendwann (oder gleich nach der Schule oder Ausbildung) selbstständig machen willst, gehst du erst einmal ein Risiko ein. Du hast kein geregeltes Einkommen mehr, du musst also – wenn du Arbeit hast – möglichst viel verdienen, um Zeiten ohne Aufträge – etwa Urlaub, Krankheit oder Auftragsflauten – überbrücken zu können. Für den Anfang einer Selbstständigkeit hilft möglicherweise der sogenannte Gründungszuschuss der Bundesagentur für Arbeit. Sechs Monate lang erhältst du dann das Arbeitslosengeld, das dir zuletzt zustand, plus 300 Euro. Die Hürden dahin sind hoch und sollen sicherstellen, dass du gut vorbereitet in die Selbstständigkeit gehst. Du musst zum Beispiel eine Berechnung deiner geplanten Einnahmen und Ausgaben sowie einen Businessplan vorlegen, also eine ausführliche Beschreibung, wie du mit deiner Selbstständigkeit Geld verdienen willst. Eine fachkundige Stelle, etwa eine Kammer (s. S. 126), ein Steuerberater oder ein Gründungszentrum müssen bestätigen, dass deine Idee Erfolg haben kann.[19] Wenn du den Gründungszuschuss bekommst, ist das schon ein gutes Zeichen dafür, dass dein Vorhaben gelingen kann.

Außerdem musst du in den meisten Fällen deine Beiträge zu Krankenkasse und Renten- sowie Pflegeversicherung komplett allein zahlen. Je nach Vorhaben brauchst du auch noch ausreichendes Startkapital, um Räume zu mieten, Material oder Werkzeug zu kaufen, Werbung zu schalten und vielleicht sogar jemanden einzustellen oder zumindest eine Steuerberaterin zu bezahlen.

Um herauszufinden, ob eine selbstständige Tätigkeit etwas für dich ist, kannst du über folgende Fragen nachdenken:

Hast du eine gute Geschäftsidee und auch die Fähigkeiten, diese Idee umzusetzen?

Kennst du jemanden, der dich auf dem Weg in die Selbstständigkeit beraten kann?

Hast du genug Startkapital oder kann dich jemand noch eine Zeit lang finanziell unterstützen, bis du genug Geld zum Leben verdienst?

Der Weg in die Selbstständigkeit sollte gut überlegt sein. Du brauchst viel Selbstdisziplin und Durchhaltevermögen. Du musst mit deinem Einkommen gut haushalten können und bereit sein zu arbeiten, wenn deine Freunde schon Feierabend haben. Auch hier gilt also: Berate dich mit Menschen, die den Weg schon gegangen sind. Informiere dich, hole Meinungen und Kritik ein.

Ein Anlaufpunkt für angehende Selbstständige ist das Existenzgründungsportal des Wirtschaftsministeriums: existenzgruender.de.

Aber Achtung: Das ist keine Empfehlung, die Schule oder Ausbildung abzubrechen. Die allermeisten, die ohne Abschluss ins Erwachsenenleben starten, finden nur noch schlecht bezahlte Jobs. Eine Berufsausbildung oder ein Studium sind also immer ein Sicherheitsnetz, sie vermitteln dir viel Wissen und neue Fähigkeiten, die du später in einer Selbstständigkeit brauchen kannst. Und wenn es doch nichts wird mit dem Unternehmertum, kannst du dich mit einer abgeschlossenen Ausbildung immer noch auf eine Festanstellung bewerben. In den allermeisten Fällen lohnt es sich also, erst eine Ausbildung zu beenden. Dann ist der Weg in die Selbstständigkeit leichter.

Und woher kommt das Geld?

Eine Selbstständigkeit kann auch eine Möglichkeit sein, dir dein Studium zu finanzieren oder deine magere Ausbildungsvergütung aufzustocken. Du kannst zum Beispiel nebenbei Zeitungsabonnements verkaufen und bekommst pro verkauftem Abo eine Provision. Sobald du längerfristig und regelmäßig selbstständig arbeitest, brauchst du einen Gewerbeschein – den beantragst du ganz einfach über ein Formular.[20] Welches Amt zuständig ist, erfragst du bei deiner Stadtverwaltung beziehungsweise im Internet. Wenn du mit deinem Gewerbe mehr als 24 500 Euro im Jahr verdienst, wirst du gewerbesteuerpflichtig.[21] Sogenannte Freie Berufe (s. S. 127) sind immer ohne Gewerbeschein möglich.

Solange du nicht mehr als 22 000 Euro Umsatz im Vorjahr gemacht hast (und dein Umsatz im laufenden Jahr voraussichtlich 50 000 Euro nicht übersteigen wird[22]), giltst du als Kleinunternehmerin und musst keine Umsatzsteuer zahlen. Einen Vorsteuerabzug darfst du dann natürlich auch nicht geltend machen.[23]

Auch ein Minijob (450-Euro-Job) ist eine gute Möglichkeit, etwas Geld nebenbei zu verdienen. Sozialversicherungsbeiträge und Einkommenssteuer zahlst du nicht.[24]

Erst wenn du mehr als 450 Euro pro Monat oder mehr als 9408 Euro im Jahr verdienst (Stand 2020), musst du Einkommenssteuer zahlen. Falls du BAföG beziehst, kann die Förderung ab einem Einkommen von mehr als 5400 Euro pro Jahr gekürzt werden.[25]

Wenn du unter 25 Jahre alt und über deine Eltern krankenversichert bist, solltest du nicht mehr als 455 Euro pro Monat verdienen[26] (oder 538,33 Euro im Monat als Werkstudent), sonst musst du dich selbst versichern. Wer älter ist (maximal bis zum Ende des 30. Lebensjahres) und Student, kann sich günstig in der Studentischen Krankenversicherung versichern (du darfst dann aber nur maximal 20 Stunden pro Woche arbeiten, eine Einkommensgrenze gibt es nicht).[27] Informiere dich einfach bei deiner Krankenversicherung, wenn du nicht sicher bist, wie viel du verdienen darfst oder wie du – bei höherem Verdienst – versichert sein musst.

Azubis, die sich etwas dazuverdienen wollen, müssen auf jeden Fall ihren Ausbilder über einen Nebenjob informieren. Am günstigsten ist für dich wahrscheinlich ein 450-Euro-Job, da zahlst du keine Steuern und Sozialabgaben. Allerdings solltest du auf deine Arbeitszeiten achten. Für Ausbildung und Nebenjob darfst du, wenn du volljährig bist, pro Woche nicht an mehr als sechs Tagen und insgesamt nicht mehr als 48 Stunden arbeiten (maximal 8 Stunden pro Tag).[28]

Wenn du vor einem Studium erst eine Berufsausbildung machst, könntest du dir auch auf diese Weise ein Studium finanzieren. Wenn du kreativ bist, mach erst einmal eine handwerkliche Ausbildung, als Flechtwerkgestalter oder Raumausstatterin, bevor du Innenarchitektur studierst. Oder eine Ausbildung zum Elektroanlagenmonteur, bevor du Maschinenbau studierst.

Informationen rund um Finanzierungsmöglichkeiten für ein Studium gibt es auch hier: www.arbeiterkind.de/studium-finanzieren.

Außerdem gibt es für Auszubildende und Studenten weitere Möglichkeiten, sich die Ausbildung bezuschussen zu lassen:

BAföG

Diese Leistungen aus dem »Bundesausbildungsförderungsgesetz« bekommst du, wenn deine Eltern dich nicht finanziell unterstützen können und du selber noch nicht genug verdienst. Je nachdem, ob du zu Hause wohnst oder in deiner eigenen Wohnung, bekommst du als Schüler maximal 585 Euro, als Studentin maximal 752 Euro.[29] Zusätzlich kannst du noch einen Zuschlag von rund 100 Euro für die Kranken- und Pflegeversicherung bekommen.

Auszubildende müssen BAföG nicht zurückzahlen, für Studierende wird nach dem Studium die Hälfte der gezahlten Unterstützung fällig, jedoch nicht mehr als 10000 Euro.[30]

Den Antrag für BAföG musst du schriftlich beim zuständigen BAföG-Amt einreichen und einige Auskünfte über deine finanzielle Situation und das Einkommen deiner Eltern mitliefern. Informationen zum Online-Antrag findest du hier: www.bafög.de/de/antragstellung-302.php.

Eine übersichtliche – und gar nicht so langweilige – Infoseite zum BAföG findest du hier: www.das-neue-bafög.de.

Berufsausbildungsbeihilfe (BAB)

Wenn du als Azubi kein BAföG bekommst, vielleicht weil du schon über 30 bist, kannst du Berufsausbildungsbeihilfe (BAB) erhalten (maximal rund 720 Euro pro Monat).[31] Voraussetzung ist, dass du nicht bei deinen Eltern wohnen kannst und eine betriebliche (keine schulische) Ausbildung machst. Außerdem musst du belegen, dass dich deine Eltern oder dein Partner nicht ausreichend finanziell unterstützen können.[32]

BAB beantragst du bei der Bundesagentur für Arbeit, das geht auch online: www.arbeitsagentur.de/bildung/ausbildung/berufsausbildungsbeihilfe-bab.

Auch Azubis ohne deutsche Staatsbürgerschaft können BAB bekommen. BAB musst du nicht zurückzahlen.

Arbeitslosengeld II

Wenn du als Azubi weder BAföG noch BAB bekommst und dich anders finanziell nicht über Wasser halten kannst, hast du die Möglichkeit, bei der Bundesagentur für Arbeit Arbeitslosengeld II (Hartz IV) zu beantragen. Vereinzelt können auch Studierende Hartz IV bekommen.[33]

Informationen dazu bekommst du bei der Arbeitsagentur und auf www.arbeitsagentur.de/arbeitslos-arbeit-finden/arbeitslosengeld-2.

Wohngeld

Wenn du kein BAföG bekommst (etwa, weil du nicht die deutsche Staatsbürgerschaft hast oder die Altersgrenze überschritten hast)[34] oder wenn du als Azubi kein BAB bekommst (weil du zum Beispiel eine schulische oder schon deine zweite Ausbildung machst)[35], kannst du noch Wohngeld beantragen. Das machst du direkt an deinem Wohnort, in manchen Städten geht das inzwischen online.[36]

Stipendium

Mit besonders guten Noten oder anderen herausragenden Leistungen (etwa im Job oder für gesellschaftliches Engagement) können Azubis und Studierende auch ein Stipendium bekommen. Informationen findest du hier: www.bmbf.de/de/begabtenfoerderung-in-studium-und-beruf-73.html und hier: www.sbb-stipendien.de.

Bildungskredit

Wenn du älter als 18 und jünger als 36 Jahre bist, kannst du unabhängig von anderen Förderungen oder dem Geld deiner Eltern einen Bildungskredit erhalten. Den Kredit beantragst du beim Bundesverwaltungsamt, am besten online: www.bva.bund.de/DE/Services/Buerger/Schule-Ausbildung-Studium/Bildungskredit/bildungskredit_node.html.

Dieses Geld zahlst du nach der Ausbildung oder dem Studium mit Zinsen in voller Höhe zurück.

Kindergeld

Solange du nicht älter als 25 Jahre und noch in der Ausbildung bist, bekommen deine Eltern rund 200 Euro Kindergeld für dich – egal wie viel du selbst verdienst. Wenn du darauf angewiesen bist und deine Eltern es nicht von sich aus tun, kannst du sie bitten, dir das Kindergeld zu überweisen. Unter bestimmten Umständen kannst du dir das Kindergeld auch direkt von der Familienkasse auszahlen lassen. Informationen findest du hier: www.arbeitsagentur.de/familie-und-kinder/kindergeld-auszahlung-andere-personen.

Schulabschluss und das war's?

Mit dem Schulabschluss sind die Weichen gestellt, die Würfel gefallen, deine Zukunft ist in Stein gemeißelt: Mit einem Hauptschulabschluss oder der Mittleren Reife machst du eine Ausbildung. Und mit Abitur studierst du.

Du kannst es dir schon denken – so ist es natürlich nicht! Nach jedem Schulabschluss stehen dir noch fast alle Wege offen. Nach dem Hauptschulabschluss oder der Mittleren Reife kannst du das Abitur nachholen. Und auch eine abgeschlossene Ausbildung kann dich für bestimmte Studiengänge qualifizieren (s. S. 22). Selbst wenn du dich für eine bestimmte Ausbildung, einen Studiengang, vielleicht sogar schon für einen konkreten Beruf entschieden hast, ist deine Aufgabe noch nicht erledigt. Es gibt noch so viel mehr zu lernen und zu erleben – und all das kann Einfluss darauf haben, welchen Beruf du später tatsächlich ausübst. Du kannst jetzt zwar durch die Ausbildung hetzen und in deine erste Festanstellung hechten. Oder du hältst zwischendurch inne, nutzt einen Urlaub oder die Semesterferien, um Neues auszuprobieren, zu reisen, eine Sprache zu lernen. Vielleicht nutzt du die Zeit neben Ausbildung oder Studium auch, um dich nebenher ehrenamtlich zu engagieren, Kinder zu trainieren, Sterbende in einem Hospiz zu begleiten, Flüchtlinge zu beraten, Hunde Gassi zu führen, eine (neue) Sportart zu betreiben, bei der Feuerwehr oder beim DRK mitzumachen. Für einen Beruf qualifiziert dich nicht nur, was du in Ausbildung oder Studium lernst und was später in deinem Abschlusszeugnis steht. Sondern auch das, was du nebenher und zwischendrin gemacht hast.

Auch wenn Ausbildung oder Studium stressig sind – im Moment hast du wahrscheinlich noch keine Kinder, keine pflegebedürftigen Eltern, keine Partnerschaft, die dich an einen bestimmten Ort binden. Nutze deine Freiheit, um mehr zu lernen und zu erleben. Deine Persönlichkeit weiterzuentwickeln, deine Stärken auszubauen und aus deinen Schwächen das Beste zu machen.

Es gibt viele Möglichkeiten, Neues zu lernen – egal ob du dir das in den Lebenslauf schreibst oder dich einfach über die besonderen Erfahrungen freust.

Praktika und Nebenjobs gehören natürlich dazu (s. S. 128) oder Reisen (s. S. 161). Du kannst weiterhin *Fachmessen* besuchen, dich über mögliche Arbeitgeber informieren, die Branche immer besser kennenlernen und – wenn es die Möglichkeit dazu gibt – mit Recruitern (also Personalvermittlern) sprechen. Selbst wenn dich der konkrete Job (noch) nicht interessiert, übst du auf diese Weise dein Auftreten bei einem Bewerbungsgespräch und erfährst, worauf Arbeitgeber bei Bewerbern achten und was ihnen wichtig ist.

Du kannst an *Wettbewerben* teilnehmen und dich in deinem Können mit anderen messen. Es gibt Azubi-Wettbewerbe, etwa für den besten Bäcker-Azubi, es gibt Wettbewerbe für Wirtschafts-, Politik- oder Naturwissenschaftler, Literaturwettbewerbe und Poetry-Slams. Gerade für Studenten werden auch Konferenzen angeboten, auf denen sie andere Studierende aus ihrem Fach kennenlernen, sich für verschiedene Projekte engagieren und natürlich viel lernen können (manche sind aber recht teuer).

Wettbewerbe für Schülerinnen, Studierende und Azubis findest du hier: www.bildungsserver.de/wettbewerbe.html.

Und hier: www.bmwi.de/Navigation/DE/Service/Wettbewerbe/wettbewerbe.html.

Lernen kannst du auch bei zusätzlichen *Kursen* an deiner Uni (Vorlesungen im Rahmen des Studium generale kann man auch ohne Abi besuchen), an der Volkshochschule oder auch im Internet (s. S. 130).

Und auch als *freiwilliger Helfer* machst du neue Erfahrungen und trainierst für die Berufswelt. Als Azubi im Handwerk kannst du deine Fähigkeiten in sogenannten Repair Cafés (schau mal unter repaircafe.org oder reparatur-initiativen.de) ausprobieren, als Musikstudentin kannst du einen Kinderchor leiten, als Azubi zur Verwaltungsfachangestellten ehrenamtlich Menschen bei Anträgen unterstützen. Im Studium kannst du auch ein Urlaubssemester für einen *Bufdi* oder die Mitarbeit in einem sozialen oder ökologischen Projekt im Ausland nutzen (s. S. 158).

Auch ein *Auslandssemester* ist möglich (am einfachsten über das Erasmus-Programm[37] oder den Deutschen Akademischen Austauschdienst[38]). Verschiedene Unis bieten außerdem Sommerkurse an, also Kurse während der Semesterferien[39], in denen du intensiv in ein Thema eintauchst.

Und eine Semester- oder Abschlussarbeit kannst du nutzen, um eine relevante *Studie* durchzuführen, die möglicherweise ein Unternehmen, eine Kammer oder eine Stiftung interessiert und die dich deswegen mit Informationen und finanziell unterstützt. Nebenbei sammelst du Pluspunkte für den Lebenslauf und knüpfst Kontakte, die dir später bei der Jobsuche helfen können.

Deine Zeit im Studium und während der Ausbildung kann auch eine tolle Gelegenheit sein, neue *Hobbys* zu suchen. Vielleicht wohnst du jetzt in einer anderen Stadt, du verdienst dein erstes Geld und hast neben der Ausbildung noch Zeit und Lust, dich mit etwas völlig anderem zu beschäftigen. Auch ein Hobby kannst du im Lebenslauf nennen, wenn du dadurch bestimmte Fähigkeiten oder sogenannte Soft Skills erwirbst (s. S. 99).

Nutze die Zeit, springe öfter über deinen Schatten, verschiebe deine Grenzen, mach was aus deinen Möglichkeiten!

Was auch immer du neben deiner Ausbildung oder deinem Studium noch lernst, kann dir auch für eine noch weit entfernte Zukunft nützlich sein. Denn deine Interessen ändern sich vielleicht noch. Und auch das, was dir Spaß macht. Und natürlich deine Lebenssituation. Deswegen: Du darfst deinen Beruf auch wechseln, wenn er dich stresst oder krank macht, wenn die Aufstiegschancen und Erfolgsaussichten schlecht sind. Oder auch einfach, wenn dich eine andere Tätigkeit irgendwann mehr interessiert. Vielleicht liegt dein neues Ziel dann sogar in einer Richtung, die du aus Neugierde oder Spaß schon ausprobiert hast.

Übrigens: Auch eine Ausbildung oder ein Studium legen deinen weiteren Weg noch nicht endgültig fest.

Deine Schulbildung ist das Fundament. Deine Ausbildungs-, Studien- und Berufswahl sind die Grundmauern. Auf beidem zusammen kannst du höher und weiter bauen, wenn du Lust hast; du kannst anbauen und Türmchen draufsetzen. In einem Studium kannst du ein Urlaubssemester einlegen und auf einer Nordseeinsel Vögel zählen[40] oder in der Volkshochschule Social-Media-Kurse für Rentner geben[41]. Nach der Ausbildung zum Fliesenleger kannst du immer noch ein FSJ anschließen, auch wenn dein Meister dir die Festanstellung schon angeboten hat. Du kannst jetzt eine Lehre zum Buchhändler machen und später Medizin studieren. Oder nach dem Jurastudium umsatteln auf Lokführer, weil das schon immer dein Kindheitstraum war.

Falls du jetzt noch nicht laut genug Nein sagen kannst zu den Erwartungen deiner Eltern, dann kannst du es vielleicht später. Auch nach einer abgeschlossenen Ausbildung und mehreren Jahren im Beruf kannst du deinen Beruf wechseln oder zumindest die Richtung ändern. Mit Berufserfahrung lässt sich eine weitere Ausbildung in der Regel verkürzen. Du kannst dich in deinem Beruf auch weiter- und fortbilden, etwa vom Gesundheits- und Krankenpfleger zum Praxisanleiter oder zur Pflegedienstleitung. Weiterbildungen werden entweder vom Arbeitgeber, von dir, von euch beiden gemeinsam oder über staatliche Zuschüsse finanziert.[42]

Wenn du in deinem Beruf keinen Arbeitsplatz findest oder beispielsweise aus gesundheitlichen Gründen aussteigen musst, kannst du dich auf einen anderen Beruf umschulen lassen. Wenn du wirklich gute Gründe hast, warum du in einen anderen Beruf wechseln willst, übernehmen manchmal die Arbeitsagentur oder die Rentenversicherung[43] die Kosten für eine Umschulung. Informationen gibt es hier: www.arbeitsagentur.de/karriere-und-weiterbildung/beruf-wechseln

Wenn dir dein Beruf gar keinen Spaß mehr macht, kannst du eine Umschulung unter Umständen auch mit BAföG finanzieren oder Wohngeld beantragen. Im Idealfall hast du aber in deinem ersten Beruf schon so viel gespart, dass du dir eine Auszeit oder den Wechsel in einen anderen Beruf selbst finanzieren kannst. Zusätzlich bekommst du bei einer betrieblichen Ausbildung natürlich ein Ausbildungsgehalt.

Auch die sorgfältigste Entscheidung kann schiefgehen. Die Branche kann sich verändern, die Wirtschaft stocken, Arbeitsplätze können wegfallen oder doch ein Roboter erfunden werden, der deinen Beruf komplett ersetzt. Deswegen: Bleib flexibel. Lerne weiter. Dann bist du gerüstet, falls du dich einmal anders entscheiden willst. Oder musst.

AUS EIGENER ERFAHRUNG

SARAH, 29
ZIRKUSARTISTIN

Meine Noten stimmten gerade so, dass ich nach dem mittleren Schulabschluss aufs Gymnasium hätte gehen können. Meine Mama meinte: »Du gehst natürlich in die Oberstufe.« Aber ich wusste: »Nö. Ich will ausziehen, Geld verdienen, endlich auf eigenen Beinen stehen.« Also sagte meine Mama: »Okay, aber dann legst du mir in den nächsten Wochen einen Ausbildungsvertrag hin. Wenn nicht, machst du Abi.«

Ich wusste gar nicht so recht, was für eine Ausbildung ich machen sollte. Aber der Mann meines Bruders und dessen Schwester sind Verwaltungsfachangestellte bei der Stadt Hamburg und rieten mir: »Mach das doch. Die Arbeit ist gut bezahlt, drei Jahre Ausbildung, sicherer Job, auch die Rente hast du safe.« Dann haben sie mir noch die richtigen Kontakte genannt, bei denen ich mich bewerben sollte. Bis dahin war alles total einfach. Nach der Bewerbung wurde ich sofort zu einem schriftlichen Test eingeladen, sieben Stunden lang, Mathe, Deutsch, Englisch, Politik und Grundwissen über Hamburg. Das war eine krasse Prüfung, ich dachte zuerst, das schaff ich nie. Aber ich habe bestanden, und nach einem ganzen Tag voller mündlicher Prüfungen und anderer Tests hatte ich den Ausbildungsplatz zur Verwaltungsfachangestellten.

Am ersten Tag wurden wir im Rathaus vom Ersten Bürgermeister vereidigt, ich stand da im Anzug, total fremd für mich. Schon in den ersten Tagen hab ich gemerkt, dass ich da überhaupt nicht reinpasse, das Amt war nicht meine Welt. Meine Tattoos am Oberarm musste ich immer verdecken. Ich ging in Baggy Jeans zur Berufsschule, alle anderen hatten Hemden und Blüschen an. Ich trug damals so gern Mützen, aber das war verboten. Einmal legte ich mich deswegen sogar mit einer Lehrerin an, die oft große Ohrringe trug. Warum durfte ich dann keine Mütze tragen, das ist doch auch ein Accessoire? Die meisten Leute in der Ausbildung waren einfach super spießig. Das hat alles nicht zu mir gepasst.

Und ich hatte kein Sozialleben mehr. Ich bin morgens um 4.30 Uhr aufgestanden, war um 6 Uhr im Büro, damit ich früh Feierabend machen konnte, um gleich nach der Arbeit zum Zirkustraining zu gehen, abends um 19 Uhr zu Hause, Abendessen, ins Bett. Am Wochenende war ich froh, wenn ich mal schlafen konnte. Mich hat diese Zeit ziemlich ausgelaugt. Den halben Tag habe ich etwas gemacht, was ich nicht machen wollte. Erst beim Zirkus »Die Rotznasen« konnte ich wieder ich selbst sein.

Ich habe die Ausbildung trotzdem durchgezogen. Zum Schluss stand ich bei einer mündlichen Abschlussprüfung auf der Kippe. Und da fielen die Worte, die mich mein Leben lang verfolgen werden: »Damit du dieses Jahr noch mal ein Erfolgserlebnis hast, geben wir dir jetzt die schlechtere Note. Dann fällst du durch und darfst noch ein halbes Jahr dranhängen.« Ich bin tränenüberströmt rausgerannt. Die nächste mündliche Prüfung habe ich mit Eins bestanden, trotzdem musste ich noch ein halbes Jahr an die Ausbildung dranhängen.

Danach habe ich bei einem Jobcenter in Hamburg angefangen. Nach zwei Jahren wurde mein Vertrag nicht mehr verlängert, und ich war arbeitslos. Wohlgefühlt habe ich mich dort sowieso nicht. Ich habe immer wieder mitbekommen, wie herablassend Kollegen mit den Menschen umgegangen sind, vor allem mit Ausländern. Und ich saß da, war machtlos und hätte mich doch am liebsten auf den Schreibtisch gestellt und manche Kollegen als Nazis beschimpft.

Nach der Arbeit im Jobcenter habe ich in Restaurants und Kneipen gekellnert, das liegt mir sowieso viel mehr. Außerdem habe ich weiter bei den »Rotznasen« Zirkuskurse für Kinder gegeben, das mache ich schon, seit ich zwölf bin. Ich hätte gern eine zirkuspädagogische Ausbildung gemacht, die gab es aber noch nicht, als ich mit der Schule fertig war. Mit 16 wollte ich gern auf die Berliner Artistenschule gehen, aber die Aufnahmeprüfung hätte ich wahrscheinlich sowieso nicht geschafft. Die »Rotznasen« sind ein kleiner Kinderzirkus, wir machen das, weil es uns Spaß macht.

Eine Zeit lang habe ich dann in einem Café, in einer Kneipe und im Zirkus gearbeitet, hatte eine 70-Stunden-Woche, das war schon krass.

Dann bin ich schwanger geworden. Johnny habe ich nach der Geburt einfach mit in den Zirkus genommen und dort weiter trainiert. Arbeiten konnte ich mit einem kleinen Kind aber nicht mehr, ich bekomme Hartz IV. Aber bald kommt meine kleine Tochter Lola auch in die Kita, dann möchte ich wenigstens wieder einen Teilzeitjob anfangen. Alle sagen, ich soll doch wieder bei der Stadt anfangen. Es wäre ein sicherer Job, mit zwei Kindern bekäme ich sogar einen Kinderzuschlag. Aber dieses spießige, ernste Miteinander in der Ausbildung hat mich total abgeschreckt. Das ist mir das Geld nicht wert. Im Nachhinein bin ich froh darüber, dass ich nicht verbeamtet wurde. Wer weiß, wo ich jetzt wäre. Klar denke ich: Hätte ich vor den Kindern doch nur einen coolen Job gehabt, dann würde ich hier jetzt nicht mit Hartz IV sitzen. Das Geld reicht kaum zum Leben und ich muss mich ständig rechtfertigen, weil andere denken, ich hätte noch nie im Leben gearbeitet. Trotzdem bin ich jetzt glücklicher als in meiner Ausbildung. Ich kann endlich ich selbst sein. Geld ist zwar gut und wichtig, aber man sollte sich auf keinen Fall für den Job verbiegen. Ich kann nicht ändern, wer ich bin, wie ich aussehe und mich gern kleide. Wichtiger als die Arbeit selbst ist mir, mit welchen

Menschen ich zusammenarbeite und was für ein Arbeitsklima herrscht. Wenn das alles stimmt, nehme ich jede Arbeit an. Ich könnte auch in einem Putzjob oder einem stumpfen Computerjob glücklich sein, wenn die Kolleginnen toll sind.

Im Nachhinein hätte ich mich vor dem Schulabschluss besser länger mit der Berufswahl auseinandersetzen sollen. Ich wurde zu meiner Ausbildung überredet und musste eine schnelle Lösung finden, weil ich nicht weiter zur Schule gehen wollte. Hätte ich mir mit der Berufswahl mehr Zeit gelassen, hätte ich sicher etwas anderes gewählt, irgendwas mit Menschen. Für so eine wichtige Entscheidung sollte man sich mehr Zeit nehmen, als ich sie mir genommen habe, denn die Entscheidung soll ja länger tragen.

Nach meinem ersten Kind habe ich gesagt, ich fange auf jeden Fall noch mal eine Ausbildung an, ich wollte Erzieherin werden oder Hebamme. Einer meiner Freunde macht gerade eine Erzieherausbildung, der Älteste in seiner Klasse ist 53. Es ist also nie zu spät.

Und jetzt bin ich zuversichtlich, dass ich einen Job finden werde, der mir ein anständiges Leben ermöglicht, auch wenn ich damit nicht reich werde. Ich würde gern bei uns im Zirkus im Büro anfangen und nebenbei wieder richtig als Artistin durchstarten. Das wäre ein Traum!

Und wie bewirbt man sich nun?

Irgendwann kommt der Moment: Du hast dir ein Unternehmen ausgesucht, bei dem du dich bewerben willst.

Und dann sitzt du vor dem Computer vor dem leeren Dokument, und dein Kopf ist genauso leer. Dir fallen einfach keine Worte ein, außer vielleicht »Hiermit bewerbe ich mich um ...«.

Auch da bist du nicht allein. In einer Bewerbung sollen wir möglichst überzeugend auf den Punkt bringen, warum wir die Allerbesten für einen Job sind. Und je mehr du diesen Job haben willst, umso schwerer wird es, die richtigen Worte zu finden.

Hier hilft, was so oft in stressigen Situationen hilft: Tritt einen Schritt zurück (wenn auch nur in Gedanken) und atme tief durch. Auch wenn es dicke Ratgeberbücher und Webseiten mit unzähligen Artikeln zu dem Thema gibt – die brauchst du nicht. Ein spannendes Anschreiben zu verfassen ist gar nicht so schwer.

Wer liest die Bewerbung?
Stell dir vor, wer die Bewerbung liest. Wahrscheinlich eine Mitarbeiterin im Personalbüro oder eine Chefin, die schon

unzählige Bewerbungen auf dem Tisch hat und zum hundertsten Mal liest: »Mit großem Interesse habe ich Ihre Stellenausschreibung gelesen ...« oder »Schon immer habe ich davon geträumt, in Ihrem Unternehmen zu arbeiten ...« Erlöse deine Leserin, niemand mag die immer gleichen Floskeln lesen, auch nicht in einem Anschreiben. Dass du dich bewerben willst oder die Stellenausschreibung gelesen hast, ist nichts Neues – sonst hättest du ja keine Bewerbung geschrieben. Und worum du dich bewirbst, steht schon in der Betreffzeile.

Überlege dir also, was du gern lesen würdest. Steig am besten direkt ein: Mit dem, was dich einzigartig macht und warum du diesen Job willst. Du hast ja nun schon viel über dich gelernt (s. S. 68 und S. 110).

Der Personaler will möglichst kurz und knapp erfahren:[1]

Was machst du gerade? Zum Beispiel bist du Schülerin in der zehnten Klasse und schließt demnächst mit der Mittleren Reife ab.

Warum willst du diese Ausbildung machen? Wir nehmen hier mal als Beispiel eine Ausbildung zur Veranstaltungstechnikerin: Du gehst selbst gern auf Konzerte, arbeitest gern abends und nachts, willst in deinem Job dein technisches Wissen einsetzen und Kontakt zu Kunden haben.

Was kannst du? Zum Beispiel organisieren, Menschen motivieren, technisches Grundwissen anwenden.

Wie kannst du das belegen? Vielleicht hast du schon eine Klassenfahrt organisiert, bist in der Technik-AG oder hast einen Aushilfsjob in einem Hochseilgarten. Besondere Erfolge in der Schule oder deiner bisherigen Ausbildung gehören an dieser Stelle schon ins Anschreiben.

Was bringst du dem Unternehmen? Du hast schon gezeigt, dass du Fähigkeiten mitbringst, die für eine Veranstaltungstechnikerin nützlich sind. Das Unternehmen kann also ziemlich sicher sein, dass du die Ausbildung schaffst und dich auch darüber hinaus für den Beruf interessierst.

Im ersten Abschnitt steht also, was für den Job, für den du dich bewirbst, am wichtigsten ist. Nach und nach kannst du noch weitere, nicht ganz so wichtige Argumente nennen, weswegen du für diese Stelle geeignet bist. Vielleicht spielst du seit drei Jahren Basketball und zeigst damit, dass du Teamgeist hast und bereit bist, gemeinsam mit anderen auf ein Ziel hinzuarbeiten.

Das Anschreiben sollte übrigens nicht länger als eine Seite sein. Verabschieden kannst du dich mit einem kleinen Ausblick, etwa: »Ich freue mich auf Ihre Rückmeldung!« oder: »Gern stelle ich mich persönlich bei Ihnen vor. Ich freue mich auf Ihren Terminvorschlag.«

Schlechte Noten? Egal!

Wenn deine Noten nicht so gut sind oder du dich mit einem Hauptschulabschluss auf einen Ausbildungsplatz bewirbst, für den normalerweise Schulabgängerinnen mit Mittlerer Reife genommen werden, musst du umso überzeugender auftreten.

Nehmen wir als Beispiel eine Ausbildung zum Tierpfleger. Normalerweise wird dafür die Mittlere Reife oder sogar

Abitur verlangt. Aber auch mit einem Hauptschulabschluss kannst du überzeugen, wenn du gute Argumente hast. Vielleicht hilfst du schon seit Jahren ehrenamtlich im Tierheim aus. Oder du bist auf einem Bauernhof aufgewachsen und seit deiner Kindheit für die Pflege der Hühner zuständig. Oder du hast schon ein Praktikum in einer Tierklinik oder einem kleinen Zoo gemacht und eigenständig Aufgaben übernommen (dann gib am besten deine dortige Chefin als Referenz an).

Und noch mit weiteren Fähigkeiten kannst du punkten: Im Job muss man zuverlässig und motiviert sein, freundlich zu Kollegen und eventuell Kunden, und weiter lernen wollen. Diese sogenannten Soft Skills – dazu gehören auch Flexibilität und Durchhaltevermögen – solltest du im Anschreiben nennen und vor allem belegen können. Reine »Ich bin«-Aussagen glaubt kein Personaler. Zähle also nicht nur auf, dass du hilfsbereit bist und Führungsstärke hast. Beschreibe lieber, dass du regelmäßig für deine alte Nachbarin einkaufst oder Kinder in Judo trainierst.

Noten sind nicht immer entscheidend. Wichtiger als dein Zeugnis ist, das Unternehmen von dir als Mensch zu überzeugen.

Lücken im Lebenslauf?

Es ist völlig normal, wenn du nach der Schule eine Auszeit genommen oder die Ausbildung noch einmal gewechselt hast. Lücken im Lebenslauf sehen die meisten Unternehmen inzwischen nicht mehr so eng – im Gegenteil, Lücken können zeigen, dass du flexibel bist, dazulernst, besondere Fähigkeiten erworben hast. Du solltest also schon im Anschreiben kurz und knapp erzählen, warum du von der Schule nicht sofort ins Studium gewechselt bist oder warum deine Ausbildung ein Jahr länger als üblich gedauert hat. Idealerweise erklärst du das in einem Satz, der Fragen offen lässt, die im Bewerbungsgespräch erklärt werden können.

Außerdem solltest du ergänzen, was du durch die Lücke in der Zeit gelernt hast. Vielleicht wusstest du einfach noch nicht, was du nach der Schule machen möchtest, und hast Praktika gemacht oder gejobbt, um das herauszufinden. Vielleicht hast du deinen kranken Vater gepflegt und weißt nun, dass du sehr belastbar bist und auch einen anstrengenden Alltag bewältigen kannst. Vielleicht hattest du eine besonders anstrengende Schulzeit und hast danach erst einmal Zeit gebraucht, um zur Ruhe zu kommen, und möchtest nun mit neuem Elan in eine Ausbildung starten, die dich wirklich interessiert.

Ein Teil der Selbstwahrnehmung ist es, einen roten Faden zu finden, der dein bisheriges Leben, deine Interessen und Tätigkeiten verbindet. Auch wenn dein Engagement in der Feuerwehr, deine Yogakurse und das Auslandsjahr in Nepal scheinbar nichts miteinander zu tun haben – meistens gibt es doch Überschneidungen, etwa die Suche nach Abwechslung und neuen Erlebnissen, was perfekt zu deinem Berufswunsch des Berufskletterers passt.

Kreative Bewerbung?

Normalerweise sollte das Aussehen einer Bewerbung eher Standard sein: weißes Papier, gut lesbare Druckschrift, keine Schnörkel oder Ornamente. Wenn du die Bewerbung online verschickst, gehören alle Dokumente (Anschreiben, Lebenslauf, Arbeitszeugnisse und Praktikumsbestätigungen) sauber sortiert in ein einzelnes PDF. Schickst du die Bewerbung per Post, investierst du am besten in eine Bewerbungsmappe, in die du alle Dokumente einsortierst.

Wenn du dich für einen kreativen Beruf bewirbst, kannst du mit einer besonderen Bewerbung allerdings aus der Menge der Bewerber hervorstechen. Für einen Job als Mediengestalterin könntest du ein Bewerbungsvideo drehen, als Programmierer eine Webseite gestalten, oder als Verpackungsdesignerin kommt deine Bewerbung in einer extra angefertigten Verpackung.

Die Bewerbung muss also zum Job passen. Und zum Unternehmen. Ein knallpinker Briefumschlag passt nicht zum seriösen Damenfriseur, der nur nach Termin für die anspruchsvolle Kundschaft arbeitet. Für die hippe Friseurin im angesagten Stadtteil, die am liebsten Irokesen stylt, vielleicht schon eher. Mach es dem Entscheider nicht zu schwer, aber unterhalte ihn ein bisschen. Er bekommt genug langweilige Standardbewerbungen.

Ein paar simple Regeln

- Sei ehrlich, aber nicht bescheiden.
- Keine Rechtschreib-, Komma- und Grammatikfehler! Lass die Bewerbung unbedingt noch mal gegenlesen.
- Achte auf eine einheitliche Schriftart und Schriftgröße, auf regelmäßige Zeilenabstände und einfach darauf, dass deine Bewerbung schon auf den ersten Blick ordentlich aussieht.
- Schreibe selbst. Personaler merken sofort, wenn du deine Bewerbung nur abgeschrieben hast.

Gute Tipps zum Lebenslauf findest du hier: www.jova-nova.com.

Das Bewerbungsgespräch

Vor dem Gespräch

Du hast die erste Hürde genommen und wurdest zum Bewerbungsgespräch eingeladen? Dann folgt auf die erste Freude wahrscheinlich schnell das Herzklopfen. Wer wird da mit dir reden? Wirst du sie von dir überzeugen können?

Informiere dich gut über das Unternehmen und den Job, für den du dich bewirbst. Oft wollen zukünftige Arbeitgeber im Gespräch wissen, was du schon über ihre Firma weißt. So findest du auch eine Antwort auf die Frage: »Warum bewerben Sie sich bei uns?« »Weil ich schon immer in Osnabrück wohnen wollte«, ist keine gute Antwort, wenn das Unternehmen seinen Sitz in Bamberg hat oder wenn du dann auf die Frage, was dir an Osnabrück gefällt, nicht mehr antworten kannst.

Wenn du am Ende des Gesprächs selbst noch eine Frage stellen sollst, frag nichts, was du auch schnell im Internet gefunden hättest. Überlege dir am besten eine schlaue Frage, deren Antwort dir wirklich weiterhilft. In einem internationalen Unternehmen könnte das zum Beispiel sein, ob Azubis eine Zeit lang im Ausland arbeiten können.

Lies dir noch einmal die Stellenanzeige und die Anforderungen an die Bewerber durch. Welche davon erfüllst du? Und wie erklärst du das im Bewerbungsgespräch?

Informiere dich ruhig auch schon über einige Standardfragen, die Personaler gern stellen, etwa »Wie würden Sie sich selbst in zwei Sätzen beschreiben? Was sind Ihre Stärken und Schwächen?« (»Ungeduld« und »Perfektion« sind Schwächen aus dem Lehrbuch, die natürlich eigentlich keine Schwächen sind, denn welcher Arbeitgeber will keine Mitarbeiter, die möglichst schnell und perfekt arbeiten?)

Oder die Frage: »Warum sollen wir gerade Sie beschäftigen?« Die Frage ist so ähnlich wie die nach den Stärken und Schwächen; du sollst erklären, warum du mit deinen Eigenschaften und Fähigkeiten gut zu dieser Stelle und diesem Unternehmen passt. Das muss keine Lobeshymne auf dich sein, sondern eine nüchterne Aufzählung dessen, was du bisher getan und was du daraus gelernt hast. Ähnlich wie im Anschreiben, nur etwas ausführlicher.

Weitere häufig gestellte Fragen im Jobinterview und wie du darauf reagieren kannst, liest du hier: www.jova-nova.com/bewerbung/interview-test.

Du weißt ja, dass der erste Eindruck zählt. Deswegen überlege dir gut, was du an dem Tag anziehst. Schau dir an, wie
sich die Firma im Netz präsentiert und was die Mitarbeiter
auf den Bildern tragen. Wie stehen die Mitarbeiter des Be-
triebs an den Messeständen? Kleide dich etwas schicker als
sie, dann sollte es passen.

Außerdem solltest du dir den Weg zum Bewerbungsgespräch genau anschauen und deutlich mehr Zeit einplanen,
als der Routenplaner oder die Seite der Deutschen Bahn dir
vorgibt. Vor allem wenn du mit der Bahn anreist, nimm lieber drei Züge früher und vertreibe dir die Zeit vor Ort noch
mit einem Eis oder einem Spaziergang (das hilft manchmal
auch gegen die Nervosität). Zu spät kommen kommt nämlich ganz schlecht.

Im Gespräch

Sei etwas früher da. So bist du auf jeden Fall pünktlich und
kommst nicht abgehetzt in das Gespräch.

Ein fester Händedruck, Blickkontakt, Lächeln (für jeden, auch die Dame am Empfang) – damit ist schon einmal
viel gewonnen.

Mache dir bewusst: Die Leute im Bewerbungsgespräch –
die Personalerin, der Chef, der Ausbildungsleiter – haben
dich eingeladen, weil deine Bewerbung sie neugierig gemacht hat. Sie wollen dich kennenlernen und denken erst
einmal nur gut über dich.

Nun ist es deine Aufgabe, dass sie weiterhin gut über dich denken. Schaue jedem in die Augen, lächle, gib ruhig zu, dass du gerade etwas aufgeregt bist, aber dich freust, dass sie dich eingeladen haben. Nicke, wenn jemand redet, wende dich den Leuten zu, sitze gerade und offen. Packe also alles aus, was du bisher im Umgang mit fremden Menschen gelernt hast. Wenn du dich selbstsicher genug fühlst, kannst du versuchen, aus der Interviewsituation (sie fragen, du antwortest) ein Gespräch zu machen, indem du – wo es sich anbietet – Gegenfragen stellst oder etwas würdigst, was deine Gesprächspartnerin gesagt hat. Versuche, möglichst positiv zu sprechen, also Worte wie »leider« zu vermeiden.

Antworte nicht zu ausschweifend, sondern so direkt und informativ wie möglich. Beantworte Fragen ehrlich, Lügen fliegen meistens irgendwann auf, spätestens wenn die Personalerin nachhakt. Du musst aber auch nicht alles erzählen, was dich ausmacht. Wenn du in deiner Freizeit gern Freeclimbing machst, solltest du das vielleicht nicht erzählen. Die wenigsten wollen jemanden einstellen, der jederzeit wegen eines Unfalls im Krankenhaus landen könnte.[2] Generell gilt: Verschweigen ist okay (außer etwa Krankheiten, die dir verbieten, bestimmte Tätigkeiten in diesem Job auszuüben), lügen ist nicht okay, außer dir werden Fragen gestellt, die nicht gestellt werden dürfen, etwa ob du schwanger bist.[3]

Und wenn du auf eine Frage keine Antwort weißt, dann sag es ruhig, das ist besser, als Zeit zu verschwenden, indem du eine Antwort zusammendichtest.

Wenn du nun schon im Unternehmen bist, schau dich während und nach dem Gespräch noch mal um (und sei es nur auf dem Weg zum Ausgang). Würdest du dich hier wohlfühlen? Wie geht der Chef mit den Mitarbeitern um? Welchen Eindruck machen die Angestellen auf dich? Fühlst du dich willkommen? Es ist die letzte Gelegenheit, deinen möglicherweise künftigen Arbeitgeber besser kennenzulernen. Und auch wenn du genommen wirst – eine Stelle ablehnen darfst du natürlich immer, wenn du dir eine Mitarbeit doch nicht vorstellen kannst.

Nach dem Gespräch

Auch wenn es manchmal wehtut, weil der Hätte-Schmerz zwickt – geh im Kopf noch einmal durch, welche Fragen dir gestellt wurden, was du gesagt hast und was du hättest besser machen können. Falls du nicht genommen wirst, kannst du so wenigstens aus dem Gespräch lernen. Und es nächstes Mal besser machen.

Ganz wichtig: Du wirst Absagen bekommen. Das gehört dazu. Und es bedeutet in der Regel nicht, dass mit dir etwas nicht stimmt. Sondern nur, dass aus Sicht der Personalerin oder des Chefs jemand anders besser auf die Stelle oder zum Unternehmen gepasst hat. Das kann bei einem anderen Personaler oder einer anderen Chefin im gleichen Unternehmen schon wieder anders aussehen. Auch wenn man selten eine brauchbare Antwort bekommt, frag ruhig nach, es kostet ja nichts: Was hat die Firma zur Absage bewogen? Was kannst du verbessern, um künftig für eine ähnliche Stelle infrage zu kommen? Vielleicht hat es einfach menschlich nicht ganz gepasst oder ein Mitbewerber war zwar nicht so qualifiziert wie du, hat aber ein ähnliches Hobby wie die Chefin, was ihn für sie sympathischer gemacht hat.

Nimm eine Absage also nicht persönlich. Sondern bereite lieber die nächste Bewerbung vor!

AUS EIGENER ERFAHRUNG

ANJA REUMSCHÜSSEL, 37
JOURNALISTIN

Für mich war schon in der Grundschule klar, dass ich später mal das Abitur machen und studieren würde. Das war es aber auch. Was ich studieren will? Das wusste ich nicht. Aber ich hatte ja noch viel Zeit. Drei Jahre. Zwei. Eins. Sechs Monate. Na gut, nach dem Abitur geh ich erst einmal mit Freunden zwei Monate lang auf den Jakobsweg, danach kann ich mir immer noch Gedanken über meine Studienwahl machen.

Zweieinhalb Jahre habe ich gebraucht, bis ich mich endgültig für einen Studiengang entschieden hatte. Zweieinhalb Jahre lang plagte ich mich mit der Sorge, die falsche Entscheidung zu treffen. Und dann war es – im Nachhinein betrachtet – tatsächlich die falsche Wahl. Dafür habe ich nebenbei einiges richtig gemacht.

Ich schrieb damals auf einen kleinen Zettel, was mir an einem Beruf wichtig ist: Ich wollte auf keinen

Fall ausschließlich im Büro arbeiten. Ich wollte reisen. Menschen helfen. Immer wieder Neues lernen und wenig Routinearbeiten machen. Und der Beruf sollte möglichst kompatibel mit einer Familie sein.

Als Kind habe ich viel mit Lego gespielt, mir Bauwerke ausgedacht und Bauanleitungen gezeichnet. »Du wirst bestimmt mal Architektin«, sagte mein Onkel zu mir. Das hatte sich eingebrannt, vielleicht war Architektur ja wirklich was für mich, obwohl mich Geometrie oder Physik in der Schule nicht mehr interessiert haben als andere Fächer. Also machte ich nach dem Abitur ein Praktikum in einem Architekturbüro. Und brach nach einer Woche wieder ab. Baupläne zeichnen, gibt es etwas Langweiligeres?

Dann wollte ich Medizin studieren, Menschen helfen, reisen und als Entwicklungshelferin in armen Ländern Gutes tun. Ich machte ein Pflegepraktikum im Krankenhaus, das hätte ich im Medizinstudium ohnehin machen müssen. Allerdings reichte mein Notendurchschnitt nicht für den direkten Weg ins Medizinstudium. Und den Umweg über eine Krankenpflege- oder Notfallsanitäterausbildung oder gar ein Studium im Ausland wollte ich dann doch nicht gehen. Offenbar war mir das Medizinstudium dann doch nicht *so* wichtig.

Aber da war ja noch etwas, was ich schon seit der zwölften Klasse machte. Ich arbeitete für unsere Lokalzeitung. Ich besuchte Vereinssitzungen, den Töpfermarkt, die Geflügelzuchtausstellung. Ich schrieb ziemlich schlechte Texte, mein zweiter Artikel war so schlecht, dass ich ihn noch mal umschreiben musste. Aber meine Texte wurden besser. Ich bekam spannendere Aufträge, suchte mir selbst Themen, die mich interessierten, ich schrieb über Theaterstücke und Konzerte, über ein Whiskeytasting und eine Bodybuildingmeisterschaft – und später auch über meine Reisen nach Israel, Peru und Ägypten.

Ich war also im Journalismus gelandet. Durch Zufall. Ich hatte mal einem Achtklässler Nachhilfe in Mathe gegeben. Nicht lange, seine Noten wurden auch nicht wirklich besser. Dafür fragte mich sein Vater, ob ich nicht bei der Zeitung anfangen wolle, bei der er Redaktionsleiter war. Eigentlich taugte ich überhaupt nicht für den Journalistenberuf. Ich war eher schüchtern, sprach nicht gern mit fremden Leuten, ich hasste telefonieren (das ist heute noch so), war nicht besonders hartnäckig und hatte noch nicht einmal für die Schülerzeitung gearbeitet. Zwar hatte ich schon in der Mittelstufe überlegt, ob ich nicht mal mit Schreiben Geld verdienen könnte. Ich las ja immerhin gern. Doch dann besuchte uns eine freie Journalistin in der Schule. Nach ihrem Vortrag wusste ich, dass ich all die Qualitäten gar nicht hatte, die man braucht, um als (freiberufliche) Journalistin erfolgreich zu sein. Dennoch riet mir Jahre später eine Kollegin bei der Lokalzeitung, einfach das zu machen, wofür ich am meisten Lob bekam. Zu dem Zeitpunkt wurden meine Artikel immer häufiger gelobt, im Ort kannten immer mehr Menschen meinen Namen.

Während eines Praktikums bei einem Rechtsanwalt (ja, Jura interessierte mich auch) erzählte mir genau dieser Anwalt von einer Journalistenschule in Hamburg. Er meinte, wenn ich ohnehin schon für eine Zeitung arbeite und mich der Beruf interessiert, könnte ich mich dort ja bewerben. Es sollte noch zehn Jahre dauern, bis ich mich wirklich bewarb. Anfangs traute ich mich nicht, weil von rund 1500 oder mehr Bewerbern nur 20 genommen wurden. Ich hielt mich einfach nicht für gut genug. Dann dachte ich jahrelang gar nicht mehr an diese Möglichkeit.

Ich entschied mich trotzdem für Journalismus. Den Bachelorstudiengang Sprache und Kommunikation brach ich nach einem Semester ab, weil er mir zu langweilig war. Ich reiste nach Nigeria, weil ich neugierig auf Afrika war. Ich jobbte im Restaurant und in der Bäckerei und schrieb weiter für die Lokalzeitung. Und entschied mich endlich für den Studiengang, den man als angehende Journalistin nicht wählen sollte (das hatten mir einige Journalisten gesagt): Publizistik. Ich lernte also, wie Kommunikation funktioniert. Aber ich lernte kaum etwas, was mir später im Beruf nützlich war. Da hätte ich mich mit einem spezielleren Studium wie Zoologie, Physik oder Anthropologie von anderen Journalisten deutlicher abgehoben.

Dafür hatte ich eine andere Zusatzqualifikation: Vor dem Studium habe ich noch rasch in drei Monaten eine Ausbildung zur Rettungssanitäterin gemacht. Während des Studiums arbeitete ich also im Rettungsdienst und später auch in der Pflege in verschiedenen Krankenhäusern. Ich schrieb weiter für die Lokalzeitung. Ich lernte Spanisch und etwas Arabisch, reiste nach China, Dubai, Australien, Peru und lebte nach dem Studium in Israel, Palästina und Ägypten. Ich habe also neben meinem unspektakulären Studium noch möglichst viel Wissen und viele Erfahrungen angehäuft, die mir in meiner Arbeit als Journalistin nützlich sein könnten. Und die mich vor allem interessierten.

Nach dem Studium fiel mir die Journalistenschule in Hamburg wieder ein. Ich bewarb mich, wurde zum Auswahlverfahren eingeladen, dann abgelehnt, fing ein Volontariat bei der *Schwäbischen Zeitung* an, bewarb mich erneut bei der Journalistenschule, wurde genommen und zog nach Hamburg. Hier bin ich nun, schreibe für Magazine, drehe Videos für Web-Magazine und das Fernsehen – und schreibe Bücher. Vor allem beschäftige ich mich mit Wissenschaft und Gesundheit oder schreibe Reportagen aus dem Ausland. Darauf hat mich ja alles vorbereitet, was ich damals neben dem Studium gemacht habe. Und damit habe ich einen Beruf gefunden, der genau die Eigenschaften verlangt, die ich mir vor 20 Jahren auf einen kleinen Zettel geschrieben habe.

Los geht's!

Nun weißt du, wie du dich selbst besser kennenlernen kannst, wie du an Informationen über spannende Berufe kommst und was du neben einer Ausbildung noch alles lernen könntest.

Die Welt ist groß und deine Möglichkeiten unendlich! (Also fast.)

Gib dir die Zeit, die du brauchst, um dich kennenzulernen. Was du jetzt über dich selbst lernst, ist wichtiger als das allermeiste, was du in der Schule gelernt hast.

Wähle nicht aus Unsicherheit das Naheliegendste, also den Architektenjob, weil du gern mit Lego gebaut hast. Sondern nutze diese wunderbare, beängstigende, aufregende, einschüchternde, befreiende Phase deines Lebens, um dich kennenzulernen. Um zu verstehen, wer du bist. Und was du wirklich willst. Deine Berufswahl sollte kein Zufall sein.

Und dann geh drauflos. Warte nicht auf den perfekten Beruf. Den gibt es nicht (genauso wenig wie den perfekten Partner, die perfekten Kinder oder das perfekte Haus). Irgendwas ist immer.

Die Wahl, die du heute triffst, muss nicht zwangsläufig dein gesamtes Leben bestimmen. Auch nach der großen Entscheidung für einen Beruf hast du dein Leben weiter in der Hand, kannst dich umentscheiden und Neues ausprobieren. Lebenslanges Lernen wird (voraussichtlich) in jedem Fall wichtig sein. Du wirst (voraussichtlich) niemals ein 25-jähriges Dienstjubiläum im gleichen Betrieb feiern. Du wirst (voraussichtlich) nicht dein ganzes Arbeitsleben in derselben Firma verbringen, in der du deine Ausbildung gemacht hast.

Wer du bist, was du kannst und was du arbeitest wird sich voraussichtlich immer weiter entwickeln. Der Beruf, den du heute wählst, ist wahrscheinlich nicht der, den du zur Rente verlässt. Das kann doch auch ermutigend sein. Du stehst vor einer der größten Entscheidungen deines Lebens. Aber du kannst sie mehrmals treffen.

Vielleicht bist du nicht so gern zur Schule gegangen. Nun hast du die Chance, etwas zu wählen, was du dir selbst ausgesucht hast und zumindest meistens gern machst. Was für eine tolle Gelegenheit!

Lass dir Zeit, aber warte nicht zu lange. Wenn du genug gelernt, gelesen, recherchiert und gefragt hast, dann geh los. Ein Schiff im Hafen kann seinen Kurs nicht ändern. Ein Schiff, das nur im Hafen liegt, vermodert. Ein Schiff in voller Fahrt dagegen, mit Wind in den Segeln und Strömung unterm Kiel, kommt seinem Ziel näher. Und kann trotzdem immer noch die Richtung ändern.

Das Wichtigste ist also: Losgehen!

Es bleibt spannend!

Linksammlung

Allgemeine Informationen zu Berufen

Ausführliche Informationen zu Berufsfeldern und Studienfeldern der Bundesagentur für Arbeit: berufenet.arbeitsagentur.de

Infos zu Ausbildungsplätzen, Praktika und dualem Studium: www.ihk-lehrstellenboerse.de

Bundesinstitut für Berufsbildung (auch auf Englisch, Gebärdensprache und einfacher Sprache) mit Informationen zu verschiedenen Berufen, nach Ausbildungsdauer und Berufsfeld eingrenzbar: www.bibb.de/de/berufeinfo.php

Infos der Bundesagentur für Arbeit speziell für Jugendliche: www.dasbringtmichweiter.de/typischich

Informationen zu verschiedenen Berufsbereichen, nach Themenfeldern sortiert: obs.jamatec.com/public/berufsatlas_ueberblick.php

Der Berufswahlpass, Materialien, Tests und Infos zur Berufsorientierung: www.berufswahlpass.de

Kostenloses Magazin der Bundesagentur für Arbeit zur Berufswahl: planet-beruf.de/schuelerinnen/heftuebersichten/heftuebersicht/

Infoportal der Arbeitsagentur für Abiturienten über
Studium, Ausbildung, Karriere und Beratungsmöglich-
keiten: abi.de

Mehr zur Ausbildung

Infos zu Ausbildungsberufen, auch auf Arabisch, Englisch
und Französisch (hier kannst du auch den Berufswahlpass herunterladen): planet-beruf.de/schuelerinnen/
BERUF AKTUELL – Lexikon der Ausbildungsberufe:
www.arbeitsagentur.de/datei/dok_ba014834.pdf
Infoportal rund um die Ausbildung: www.ausbildung.net
Infos zu Handwerksberufen: handwerk.de/ausbildungs
berufe (mit Whatsapp-Berufswahltest)
Infos zu allen beruflichen Aus- und Weiterbildungsange-
boten bundesweit: kursnet-finden.arbeitsagentur.de

Mehr zum Studium

Verband der bundesweit 57 Studenten- und Studierenden-
werke: www.studentenwerke.de
www.unicum.de
www.hochschulkompass.de (mit Interessentest)
studienwahl.de (auch in Englisch, einfacher Sprache und
Gebärdensprache)
studieren.de

Studieren ohne Abi

www.studieren-ohne-abitur.de
studiengaenge.zeit.de/studienangebote/no_hzb/studieren-
ohne-abitur

Fernunis

Fernuniversität Hagen (staatliche Fernuniversität):
  www.fernuni-hagen.de
Fernstudium an der TU Kaiserslautern: www.disc.uni-kl.de
Fernstudium an der Universität Koblenz Landau:
  www.uni-koblenz-landau.de/de/zfuw
Vergleichsportal für Fernstudiengänge: www.fernstudium-
  direkt.de

Mädchen und Jungs

Informationen zu Geschlechterklischees in der Berufswahl: www.klischee-frei.de

Für Mädchen

www.komm-mach-mint.de
www.girls-day.de
tastemint.de

Für Jungs

www.boys-day.de
www.zukunftsberuf-erzieher.de

Infos rund um Geld und Gehalt

www.gehalt.de
www.karriere.de/mein-geld

Hilfe und Beratung

Infoportal des Deutschen Gewerkschaftsbunds (DGB) für
  Schulabgänger: jugend.dgb.de

Online-Beratung der Caritas: www.caritas.de/hilfeund
beratung/onlineberatung/mein-planb

Messen
stuzubi.de
azubitage.de
www.vocatium.de

Job-, Ausbildungs- und Praktikabörsen
jobboerse.arbeitsagentur.de
www.monster.de
karriere.unicum.de
www.whatchado.com
www.azubi.de
de.jobted.com
www.stepstone.de
www.stellenanzeigen.de
jobs.meinestadt.de
www.jobbörse.de
www.ausbildungsatlas.de
www.absolventa.de
www.aubi-plus.de
www.jobufo.com (Hier kannst du dich direkt bewerben –
mit einem Video oder einer Sprachnachricht.)
www.truffls.de (So etwas wie Tinder für Jobs. Auf Basis
deines Lebenslaufs und deiner Interessen werden dir
Jobs vorgeschlagen.)
www.praktikum.com
www.praktikum-service.de

Tests zur Berufswahl

Achtung: Solche Tests können erste Anhaltspunkte für deine Stärken, Fähigkeiten und mögliche passende Jobs liefern. Aber verlass dich auf keinen Fall allein auf so einen Test, auch wenn das verlockend scheint! Ich wäre sonst Fachangestellte für Bäderbetriebe oder Wirtschaftswissenschaftlerin geworden. Du wirst schnell merken, dass die Ergebnisse je nach Test sehr unterschiedlich sein können, auch wenn du immer ehrlich antwortest. Kein Test kann dir empfehlen, was du aus deinem Leben machen sollst. Aber die Ergebnisse können dir Hinweise geben und dich inspirieren. Und die Tests motivieren dich hoffentlich, dich mit dir selbst auseinanderzusetzen.

Ausbildung

Selbsterkundungsprogramm für Schülerinnen:
portal.berufe-universum.de
handwerk.de/berufechecker

Studium

www.was-studiere-ich.de
www.hochschulkompass.de/studium-interessentest.html
www.think-ing.de/tools/eignungstest (Ingenieureignungstest)
www.global-assess.rwth-aachen.de/tm4_rwth
Verschiedene Orientierungstests zu einzelnen Fachbereichen: www.studienwahltest.de

Ausbildung und Studium

Infos zum Berufswahltest der Arbeitsagentur
(geht nicht online) und weitere Infos zu Berufsfeldern:
www.arbeitsagentur.de/bildung/ausbildung/
welche-berufe-passen

www.geva-institut.de/leistungen/diagnostik-berufs-und-
studienorientierung/geva-test-fuer-schulabgaenger
(kostet zwischen 19 und 37 Euro)

www.einstieg.com/kein-plan/berufswahltest.html

entdecker.biz-medien.de

www.schuelerpilot.de/orientierungstest

arbeitsblaetter.stangl-taller.at/TEST/SIT/index.php

obs.jamatec.com/public/interessen_1.php

www.gepedu.de/beruf_karriere/berufstest

www.meine-zukunft-beginnt-hier.de/beruf-o-mat

Persönlichkeits- und Interessentests

www.psychomeda.de/online-tests/persoenlichkeitstest.
html

karrierebibel.de/psychotest-uebersicht/#Mehr-als-40-
Psychotests-in-der-Uebersicht

www.charakterstaerken.org

Einstellungstests

(Betriebe können ihre Bewerber testen – und du kannst
damit schon mal üben)

www.handwerksblatt.de/karriere-im-handwerk/azubitest

www.ausbildungspark.com/einstellungstest

Apps zur Berufswahl

www.arbeitsagentur.de/bildung/ausbildung/azubiwelt

kompetenzfeststellung.bildung-rp.de/app-zukunft-laeuft.
html

Quellen

Einleitung

1 https://www.bibb.de/veroeffentlichungen/de/publication/show/10575

2 https://www.bpb.de/gesellschaft/bildung/zukunft-bildung/268827/podcast-berufswahl

Dein Weg zum passenden Beruf

1 https://www.ausbildung.de/ratgeber/ausbildungsarten/

2 https://www.azubi.de/beruf/tipps/nicht-anerkannte-ausbildungsberufe

3 https://www.einstieg.com/ausbildung/staatlich-anerkannte-ausbildungsberufe.html

4 https://www.azubi.de/beruf/tipps/nicht-anerkannte-ausbildungsberufe

5 https://www.dbota.de/faq-items/warum-ist-die-staatliche-anerkennung-wichtig/

6 https://www.azubi.de/beruf/tipps/nicht-anerkannte-ausbildungsberufe

7 https://www.ausbildung.net/ausbildungsarten/spezielle-infos/staatlich-anerkannte-ausbildungen.html

8 https://www.nach-dem-abitur.de/wartesemester-ausbildung-anrechnung

9 https://www.zeit.de/studium/studienfuehrer-2014/nc-numerus-clausus-zulassung-studium, https://karrierebibel.de/auswahlverfahren-uni/

10 https://www.einstieg.com/studium/studieren-ohne-abitur-studiengaenge.html

11 https://www.hochschulkompass.de/studium/voraussetzungen-

fuer-studium/hochschulzugangsberechtigung/studieren-ohne-abitur.html

12 https://www.einstieg.com/studium/studieren-ohne-abitur-studiengaenge.html

13 https://www.wegweiser-duales-studium.de/studiengaenge/

14 https://www.einstieg.com/studium/studieren-ohne-abitur-studiengaenge.html

15 https://abi.unicum.de/abi-und-dann/studium/fachhochschulreife-fachgebundene-hochschulreife-und-fachabi

16 https://abi.unicum.de/abi-und-dann/studium/fachhochschulreife-fachgebundene-hochschulreife-und-fachabi

17 https://www.fernstudi.net/magazin/10906

18 https://www.bmbf.de/upload_filestore/pub/Berufsbildungsbericht_2020.pdf

19 https://www.otto-brenner-stiftung.de/fileadmin/user_data/stiftung/01_Die_Stiftung/04_Stiftung_Neue_Laender/02_Publikationen/SNL_08_Jugend_LR.PDF

20 https://www.nach-dem-abitur.de/umfragen-nach-dem-abitur-ergebnisse

21 https://www.datenportal.bmbf.de/portal/de/Tabelle-2.5.3.html

22 https://www.spiegel.de/lebenundlernen/uni/studienabbrecher-wer-schmeisst-hin-und-warum-a-1150226.html

23 https://www.spiegel.de/karriere/ausbildung-jeder-vierte-azubi-bricht-ab-hoechststand-a-1201144.html

24 https://karriere.mcdonalds.de/docroot/jobboerse-mcd-career-blossom/assets/documents/McD_Ausbildungsstudie_2017.pdf

25 https://www.shell.de/ueber-uns/shell-jugendstudie/_jcr_content/par/toptasks.stream/1570708341213/4a002dff58a7a9540cb9e83ee0a37a0ed8a0fd55/shell-youth-study-summary-2019-de.pdf

26 https://www.shell.de/ueber-uns/shell-jugendstudie/_jcr_content/par/toptasks.stream/1570708341213/4a002dff58a7a9540cb9e83ee0a37a0ed8a0fd55/shell-youth-study-summary-2019-de.pdf

27 https://www.shell.de/ueber-uns/shell-jugendstudie/_jcr_content/par/toptasks.stream/1570810209742/9ff5b72cc4a915b9a6e7a7a7b6fdc653cebd4576/shell-youth-study-2019-flyer-de.pdf

28 https://www.shell.de/ueber-uns/shell-jugendstudie/_jcr_content/par/toptasks.stream/1570708341213/4a002dff58a7a9

540cb9e83ee0a37a0ed8a0fd55/shell-youth-study-summary-2019-de.pdf

29 https://www.trendence.com/reports/arbeitsmarkt/forderungen-schueler-unternehmen

30 https://www.trendence.com/reports/arbeitsmarkt/forderungen-schueler-unternehmen

31 https://www.shell.de/ueber-uns/shell-jugendstudie/_jcr_content/par/toptasks.stream/1570810209742/9ff5b72cc4a915b9a6e7a7a7b6f dc653cebd4576/shell-youth-study-2019-flyer-de.pdf

32 https://www.shell.de/ueber-uns/shell-jugendstudie/_jcr_content/par/toptasks.stream/1570708341213/4a002dff58a7a9540cb9e83ee 0a37a0ed8a0fd55/shell-youth-study-summary-2019-de.pdf

33 https://www.trendence.com/reports/arbeitsmarkt/forderungen-schueler-unternehmen

34 http://www.oecd.org/newsroom/teenagers-career-expectations-narrowing-to-limited-range-of-jobs-oecd-pisa-report-finds.htm

35 https://www.spiegel.de/panorama/bildung/pisa-studie-jugendliche-klammern-sich-an-traditionelle-berufe-a-0f139b50-6539-4518-9e4f-d4e26acead13

36 https://www.deutschlandfunk.de/schwierige-berufswahl-berufsberater-klarmachen-wo-die.680.de.html?dram:article_id=468521

37 https://www.uni-bonn.de/studium/vor-dem-studium/faecher/medical-immunosciences-and-infection/medical-immunosciences-and-infection-master-of-science

38 https://www.ausbildungspark.com/news/pflegefachmann-pflegefachfrau-neue-ausbildung-beschlossen/

39 https://www.bvs.de/fileadmin/mediapool/downloads/Produkte/Umwelt_und_Technik/FK_UT/Rechtliche_Grundlagen/vo_ut_berufe_abfall.pdf

40 https://www.hannover.ihk.de/fileadmin/data/Dokumente/Themen/Aus-_und_Weiterbildung/2015_DIHK_Erwartungen_Hochschulabsolventen_.pdf

41 https://www.humanresourcesmanager.de/news/der-chef-von-morgen-ist-ein-liebender.html

42 https://lexikon.stangl.eu/16344/psychosoziales-moratorium/

43 https://www.spiegel.de/kultur/gesellschaft/comeback-der-intuition-denken-mit-gefuehl-a-519123.html

44 https://faculty.washington.edu/jdb/345/345%20Articles/
    Iyengar%20%26%20Lepper%20(2000).pdf

Äußere Einflüsse (exogene Faktoren)

1   https://de.statista.com/statistik/daten/studie/156966/umfrage/
    beliebteste-ausbildungsberufe-top-20/

2   https://de.statista.com/statistik/daten/studie/2140/umfrage/
    anzahl-der-deutschen-studenten-nach-studienfach/

3   https://www.shell.de/ueber-uns/shell-jugendstudie/_jcr_content/
    par/toptasks.stream/1570708341213/4a002dff58a7a9540cb9e83ee
    0a37a0ed8a0fd55/shell-youth-study-summary-2019-de.pdf

4   https://www.stepstone.de/gehalt/Meister-in.html

5   https://www.stepstone.de/gehalt/Sozialpaedagoge-in.html

6   https://wirtschaftslexikon.gabler.de/definition/
    schweinezyklus-44171

7   https://www.destatis.de/DE/Themen/Querschnitt/
    DemografischerWandel/_inhalt.html

8   https://service.destatis.de/bevoelkerungspyramide/
    index.html#!y=2021

9   https://www.pewsocialtrends.org/essay/on-the-cusp-of-adulthood-
    and-facing-an-uncertain-future-what-we-know-about-gen-z-so-far/

10 https://www.kfw.de/KfW-Konzern/Newsroom/Aktuelles/
    Pressemitteilungen-Details_590912.html

11 https://www.zukunftsinstitut.de/artikel/technologie/senior-
    robots-die-pflege-maschinen/

12 https://www.stern.de/wirtschaft/job/trendberufe-2020--die-
    gefragtesten-jobs-und-was-sie-dort-verdienen-9078856.html

13 https://www.bibb.de/dokumente/pdf/2019_Dav_Gesamtueber
    sicht_Ausbildungsverguetungen_Ost_West.pdf

14 https://berufenet.arbeitsagentur.de/berufenet/faces/index;BERU
    FENETJSESSIONID=mnEqAxVZNV7HtWjzt3nOq_CNRkDLOfv
    8kR9Sj8k-GD_u_eOR7gMW!-1386218728?path=null/sucheAZ/
    kurzbeschreibung/finanzielleaspekte&dkz=132173&let=P

15 https://karriere.unicum.de/erfolg-im-job/gehalt-finanzen/
    bestbezahlte-berufe

16 https://www.career.aero/site/de/news/466-pilotenausbildung-
    kosten

17 https://orange.handelsblatt.com/artikel/55013

18   https://www.arbeitssicherheit.de/themen/arbeitssicherheit/detail/
die-nachteile-der-schichtarbeit-und-wie-sie-sich-reduzieren-
lassen.html

19   https://www.boeckler.de/pdf/mbf_as_psychform_2006.pdf

Innere Einflüsse (endogene Faktoren)

1   https://www.otto-brenner-stiftung.de/fileadmin/user_data/
stiftung/01_Die_Stiftung/04_Stiftung_Neue_Laender/
02_Publikationen/SNL_08_Jugend_LR.PDF

 2   https://de.statista.com/statistik/daten/studie/646278/umfrage/
umfrage-zum-spass-an-der-arbeit-in-deutschland/

 3   https://www.wiwo.de/erfolg/beruf/der-richtige-job-bei-der-
berufswahl-geht-es-nicht-um-ihre-interessen/22844600.html

 4   https://www.psychologie-heute.de/beruf/39366-wie-klappt-die-
berufswahl.html

 5   https://www.psychologie-heute.de/beruf/39366-wie-klappt-die-
berufswahl.html

 6   https://www.sueddeutsche.de/karriere/berufswahl-job-job
wahl-interessen-begabungen-interview-am-morgen-1.4566796

 7   https://www.psychologie-heute.de/beruf/39366-wie-klappt-die-
berufswahl.html

 8   https://www.wiwo.de/erfolg/beruf/der-richtige-job-bei-der-berufs
wahl-geht-es-nicht-um-ihre-interessen/22844600-all.html

 9   https://orange.handelsblatt.com/artikel/47622

10   https://www.sciencedirect.com/science/article/pii/
S0160289615000197#!

11   https://www.sueddeutsche.de/karriere/berufswahl-job-
jobwahl-interessen-begabungen-interview-am-morgen-1.4566796

12   https://studitemps.de/magazin/introvertiert-und-extrovertiert-
wie-sie-im-job-erfolgreich-zusammenarbeiten/

13   https://www.wiwo.de/erfolg/trends/overconfidence-effekt-warum-
wir-uns-so-oft-ueberschaetzen/5302168.html

14   https://www.zeit.de/2014/24/dunning-kruger-effekt-stimmts

15   https://www.mdr.de/wissen/mensch-alltag/psychologie-
anfaenger-neigen-zu-selbstueberschaetzung-100.html

16   https://www.deutschlandfunknova.de/beitrag/studie-maenner-
ueberschaetzen-sich-selbst

17   https://karrierebibel.de/selbstueberschaetzung/

18 https://www.deutschlandfunknova.de/beitrag/
   bewerbungsgespraech-uebertreiben-nicht-luegen
19 https://www.boeckler.de/pdf/p_fofoe_WP_034_2017.pdf
20 https://www.dihk.de/de/themen-und-positionen/fachkraefte/
   schule-und-hochschule/schule/klischeefrei-geschlechter-
   stereotypen-bei-der-berufswahl-hinterfragen--13622
21 https://de.statista.com/infografik/9140/beliebteste-
   studiengaenge-in-deutschland/
22 https://www.boeckler.de/de/boeckler-impuls-die-sache-mit-
   dem-einparken-hirnforschung-jenseits-von-rollenklischees-
   10131.htm
23 https://www.shell.de/ueber-uns/shell-jugendstudie/_jcr_content/
   par/toptasks.stream/1570708341213/4a002dff58a7a9540cb9e83ee
   0a37a0ed8a0fd55/shell-youth-study-summary-2019-de.pdf
24 https://www.bmfsfj.de/bmfsfj/service/publikationen/
   elterngeld--elterngeldplus-und-elternzeit-/73770

Woher du Infos bekommst

1 https://www.staufenbiel.de/magazin/jobsuche/ungewoehnliche-
  jobs-fuer-ingenieure.html
2 https://berufenet.arbeitsagentur.de/berufenet/faces/index?path=
  null/kurzbeschreibung&dkz=2713
3 https://www.arbeitsagentur.de/arbeitslos-arbeit-finden/
  bewerbungstraining
4 https://www.bibb.de/dienst/berufesuche/de/index_berufesuche.
  php/
5 https://www.bmwi.de/SiteGlobals/BMWI/Forms/Listen/
  Gesetze-und-Verordnungen/Gesetze_Formular.html?&addSearch
  PathId=322908
6 https://www.messen.de/de/1318/branche/berufs-und-studienwahl
7 https://www.ausbildung.net/ausbildungsarten/spezielle-infos/
  ausbildung-kammern-stellen-und-ihre-aufgaben.html
8 https://www.gruenderlexikon.de/checkliste/informieren/
  weiterbildung/mitglied-kammer-werden/
9 http://www.dgb-jugend.de/neue_downloads/data/praktikum.pdf
10 https://www.studieren.org/probestudium/
11 https://www.alumniportal-deutschland.org/studium-weiterbil
   dung/studium-ausbildung/moocs-vorlesungen-online-besuchen/

12 https://www.vka.de/assets/media/docs/o/Tarifvertr%C3%A4ge/
praktikanten-rl_endfassung(1).pdf

13 https://www.meinpraktikum.de/ratgeber/bewerbung/
praktikumsrecht

14 https://www.meinpraktikum.de/ratgeber/bewerbung/
praktikumsrecht

Wege zum Traumberuf

1 https://www.bundes-freiwilligendienst.de/fsj-freiwilliges-
soziales-jahr/unterschiede-fsj-bfd

2 https://www.auswaertiges-amt.de/de/service/fragenkatalog-
node/o6-workingholiday/606324

3 https://www.auslandsjob.de/work-and-travel/usa/j1-visum/

4 https://www.hochschulkompass.de/studium/
studienvorbereitungstudieneinstieg/vorkurse-vorpraktika.html

5 http://www.projektberuf.de/planzukunft/plan-b/schulische-
berufsvorbereitung-bgj-bvj/

6 https://www.arbeitsagentur.de/bildung/zwischenzeit/auf-
ausbildung-vorbereiten

7 https://www.bmbf.de/upload_filestore/pub/
Berufsbildungsbericht_2018.pdf

8 https://idw-online.de/en/attachmentdata66127.pdf

9 https://www.institut-bildung-coaching.de/wissen/
berufsberatung-hintergrundwissen/berufswahl.html

10 https://www.wiwo.de/erfolg/beruf/personalberater-robert-
harich-wer-mehr-kann-als-er-zeigen-darf-muss-gehen/
21197288.html

11 http://www.azubi-azubine.de/mein-recht-als-azubi/
kuendigung-durch-den-azubi

12 https://www.frag-einen-anwalt.de/Schueler-Bafoeg-bei-
Schulabbruch-zurueckzahlen--f13436.html

13 https://www.bafög.de/de/ausbildungsabbruch-und-
fachrichtungswechsel-195.php

14 https://www.rekruter.de/cms/detail.lasso?id=272

15 https://planet-beruf.de/schuelerinnen/mein-beruf/berufe-live/
bericht-berufe-mit-bewerbermangel-eine-uebersicht/print.html

16 https://www.psychologie-studieren.de/infos/auslandsstudium/
#kosten

17 https://www.studentenwerke.de/de/content/bafög-im-ausland

18 https://karriere.unicum.de/erfolg-im-job/gehalt-finanzen/gut-bezahlte-jobs-ohne-ausbildung-top-10

19 https://www.existenzgruender.de/DE/Gruendung-vorbereiten/Entscheidung/Ihre-Startposition/Gruendung-aus-Arbeitslosigkeit/Gruendungszuschuss/inhalt.html

20 https://gruenderplattform.de/unternehmen-gruenden/gewerbe-anmelden

21 https://www.steuertipps.de/die-erste-steuererklaerung/studenten/student-und-nebenbei-selbststaendig

22 https://www.gesetze-im-internet.de/ustg_1980/__19.html

23 https://www.steuertipps.de/die-erste-steuererklaerung/studenten/student-und-nebenbei-selbststaendig

24 https://www.arbeitsagentur.de/lexikon/minijob

25 https://www.finanztip.de/studentenjobs/

26 https://jugend.dgb.de/studium/dein-job/sozialversicherung

27 https://www.student-kv.de/gkvstudenten/

28 https://www.ausbildungsstellen.de/ratgeber/nebenjob-waehrend-der-ausbildung-das-solltest-du-wissen.html

29 https://www.bafög.de/de/welche-bedarfssaetze-sieht-das-bafoeg-vor--375.php

30 https://www.azubi.de/beruf/tipps/bafoeg-in-der-ausbildung

31 https://www.deutsche-handwerks-zeitung.de/wenn-das-geld-nicht-reicht-finanzielle-hilfe-fuer-azubis/150/32556/175715

32 https://www.arbeitsagentur.de/datei/Merkblatt-BAB_ba013469.pdf

33 https://www.studentenwerke.de/de/arbeitslosengeld2

34 https://www.studentenwerke.de/de/content/wohngeld

35 https://jugend.dgb.de/ausbildung/beratung/dr-azubi?fp.l=t&fp.d=99432

36 https://www.bmi.bund.de/SharedDocs/kurzmeldungen/DE/2019/12/wohngeld-go-live.html

37 https://ec.europa.eu/programmes/erasmus-plus/opportunities/individuals/students/studying-abroad_de

38 https://www.daad.de/de/im-ausland-studieren-forschen-lehren/studieren-im-ausland/

39 https://karrierebibel.de/summer-sessions/

40 https://www.spiegel.de/lebenundlernen/uni/vogelwart-auf-scharhoern-der-einsamste-praktikant-der-welt-a-1048154.html

41 https://www.vhs-kursleiter-werden.de/
42 https://karrierebibel.de/berufliche-weiterbildung/
    #Finanzierung-Wer-zahlt-die-berufliche-Weiterbildung
43 https://www.deutsche-rentenversicherung.de/DRV/DE/Reha/
    Berufliche-Reha/berufliche-reha.html

Und wie bewirbt man sich nun?

1 http://www.jova-nova.com/bewerbung/anschreiben/
   denken-sie-wie-ein-personaler/
2 https://www.spiegel.de/karriere/vorstellungsgespraech-
   antworten-auf-fuenf-fiese-personalerfragen-a-844095.html
3 https://www.hensche.de/Rechtsanwalt_Arbeitsrecht_Handbuch_
   Auskunftspflicht.html